找到孩子的光

未來孩子的 **10** 種關鍵教養

霍啟剛 策劃　Lin Cheng 撰文

商務印書館

序言

　　育有三名子女，我與晶晶當然不會認為自己是育兒專家。在成為父母這條學習路上，讓我最深體會的，是原來即使有再多的事前準備，當把子女抱在懷中的一刻，深受感動之餘，亦難免會感到無助。幸好，身邊有不少朋友可以成為我們的好榜樣，令我們不停進步，成為更好的父母。就是這份彼此支持，讓我意識到最好的學習，就是分享經驗，虛心聆聽，對朋友如是，對子女亦如是。

　　廿一世紀，是個充滿挑戰的年代；全球在新冠疫情的肆虐下，人與人的關係被迫拉遠，親密相處變得困難重重。廿一世紀，亦是個充滿機遇的年代；社會產業漸趨多元，全球化及電子科技的大力發展下，打開了很多之前難以想像的機會之門。如果科技為未來社會開創了全新的跑道，那麼，新一代的父母該如何培養全新一代的孩子，為子女創造出跟以往，再不一樣的入場券？子女將來要擁有甚麼特質，才能夠發光發熱，創造自己的人生？也許，尋找出一套新時代的教育法，就是策劃這本書的最大原因。最後，我驚喜地發現，原來沒有一套所謂最「適合的」教育法，聽完其他來自不同背景的父母

朋友的無私分享後，原來，孩子最需要的，是父母對未來社會的洞悉力。能夠以子女的快樂為本，沿路相伴，讓他們活出自我。

此書除了與晶晶一同分享我們的育兒經驗，及對未來社會發展的看法之外，亦希望藉着我們留學所吸收的多元文化涵養，及多年來在體壇、商界及社會公職等領域上獲取的寶貴經驗及人脈，呈現出立體多元的視野。受邀分享的父母橫跨不同界別，包括創意科技、醫護界、體育界、演藝界、商界及法律界等，家庭文化多元。感激受訪者分享心得與經驗，當中更收錄了很多溫馨的故事及精闢想法，非常精彩。

期望無論是新手父母，還是子女已踏入青少年階段的朋友們，亦會與我一樣，借鏡此書，讓孩子找到屬於自己的答案，與子女同行，一同成長。願各位父母都找到孩子的光。

策劃人　霍啟剛

目錄

Chapter **06**

培養孩子
「未來專業」特質

p. 114

醫護界
任俊彥 紀彩霞夫婦
兒子 12 歲、兒子 8 歲

在家培養
小領袖

文化體育界 | **霍啟剛 郭晶晶** 夫婦
育有兒子 7 歲、女兒 4 歲、
女兒 2 歲半

讓孩子在互動中學習，

發揮**小領袖**的特質。

霍啟剛（Kenneth）與太太郭晶晶（晶晶）是一對體壇令人艷羨的恩愛夫妻。一位是跳水皇后，一位是來自與體育有深厚淵源的霍氏家族。二人結婚差不多十個年頭，目前育有三名子女，最大的兒子霍中曦快將升讀小學二年級；次女霍中妍今年四歲；小女兒霍中怡則是名二歲半的小女孩。晶晶從跳水台上光榮退下，成為母親後專心照顧孩子，特別珍惜與孩子共處的時光，與 Kenneth 二人亦希望能夠為他們帶來愉快童年。除此以外，他們亦特別重視培養孩子應對未來社會的能力。

🍁 夫婦目前育有三名子女，熱鬧非常！

即使已經育有三名子女，夫婦二人仍然視自己為新手父母，「每天也要迎接新挑戰」，可謂摸着石頭過河。說到成為父母前的心理準備，Kenneth 笑言，只要在「臉書群組」一問，來自五湖四海的建議及意見就會蜂擁而至，當中的參考性或許要幾經過濾，但總括而言，隨着資訊發達，現代父母在親子教育的學習及交流上，的確比上一輩的父母容易得多。

父母需具備時代洞察力

　　每一代亦有不同的挑戰及難關，一代代人走下來，當薪火來到了他這一代，面對的環境已全然不同，不可能一本通書走天下。Kenneth 認為「生仔要考牌」也許就不必了，但要讓孩子在未來社會站穩陣腳，作為家長，真要對未來社會具有洞力。接受也許未來十年、二十年的社會已經不是自己所能想像的，未來自會有一套全新的模式及價值。新世代爸媽需學習把新舊價值融會貫通，以此視野，給予孩子一個適應未來的機會；而由始至終，父母需要與孩子同行。

　　作為新手父母，花在子女身上最多的是心機及時間。由第一個兒子時的不知所措，到後來有了第三個孩子，夫婦二人一路走來不斷學習。兒子出生後，晶晶對於未來雖然有很多的未知及憂慮，但那份初為人母的喜悅至今仍然難忘。當時兒子出生不久便全身起滿紅疹，夫婦倆手忙腳亂地找出原因，最後醫生說原來是因為孩子穿太多衣物而熱壞了。後來用過金銀花煮水塗抹，兒子的皮膚問題便消失了。

　　憑着這一次經驗，足證父母有時過分緊張，未必會有好的效果。Kenneth 坦言，自己都是過來人，勸喻準

父母，遇到問題時緊張當然在所難免，但請不要盲目相信網上的一些「秘方」或「竅門」，有時愈看得多，愈容易出亂子。夫婦二人意會到，對第一名孩子的緊張無可避免，但從第二位孩子開始，就得學會放鬆。過分的保護，小朋友可能接受不到正常成長必須的外來刺激，對性格產生不良影響。

讓子女感受陪伴的快樂

　　說到童年，夫婦二人的成長環境可算是南轅北轍。晶晶是家中獨女，於 15 歲之齡便首次踏上奧運的跳水台，更創下了奪得四金的佳績。要成為國家級的跳水，她六歲便離開家人，到國家隊中受訓，與爸媽沒有太多的相處時間。而且，國家隊的訓練嚴謹得近乎軍訓，整個體育生涯中，服從與紀律充斥着晶晶的成長。到後來她從跳水台上退下來，這才意識到一向習慣接受別人安排的自己，原來對未來的想像是一片空白，從來沒想過可以有自己的想法。因為自身經歷過絕對服從，認為未必是最好的成長模式，她除了特別珍惜現在能與孩子共處的時光之外，亦希望在他們的人生上，能給予足夠的空間及選擇，讓他們可以決定自己的將來。

Kenneth 則出身自大家庭，爺爺是霍英東，父親霍震霆是鼎鼎有名的體育發展推手，他作為霍氏家族的第三代長孫，從小到大，與很多家庭成員生活於同一屋簷下，與幾個堂兄弟姊妹熱熱鬧鬧吵作一團，一起上學放學，起居飲食也有彼此的陪伴。回想小時候，Kenneth 的父母還是非常年輕，正值事業拼搏之年，工作繁忙，父母經常奔走世界各地，他的童年是在奶奶的照顧下拉拔長大的。奶奶很注重健康及規律作息，亦很緊張小朋友的學習成績，當時幾個小朋友都是由她一手照顧，可謂家中支柱。她的教育比較傳統及嚴格，當時很多生活習慣及思想上的培養，對 Kenneth 日後的育兒觀念亦有不少影響。正因兒時感受過陪伴的快樂，現在都盡量抽時間讓子女與年紀差不多的表弟妹們見面。夫婦二人坦言，家庭成員的數目可能是二人成長環境中最大的分別，內地實行一孩政策，反觀香港家庭則多數有兩至三名孩子，作為獨生女的晶晶，很感恩可以為子女製造熱鬧的環境。

運動能訓練孩子的專注度，亦教會他們學懂輸贏。

大自然是的子女最好的 natural playground！

發揮小領袖的特質

當然，父母的教育對一名小朋友的成長影響最深，效果最大。但 Kenneth 認為，小朋友在一個有兄弟姊妹的家庭中長大，讓孩子在互動中學習，亦是一個頗為重要的發展方法。父母難免代表着權威，其指示由上而下，他觀察子女所得，發現如果是幾兄弟姊妹，不用教導，也懂得自動協調來「對付」父母。他笑言，幾名小孩子如有要求，年紀小小就懂得輪流來遊說他們；犯了錯，則會互相補位或頑皮地互相推卸。在他眼中，這些手足之情，是在他們踏入社會之前，學習建立人際關係的第一課。

晶晶最開心是看到大哥哥很照顧妹妹們，溫柔體貼，偶有衝突當然在所難免，她笑指看見丈夫與兄弟姊妹們關係密切，希望三名子女將來亦以此為榜樣，未來的路一直支持彼此。至於父母可以如何建立幾名子女的關係，以他們一家為例，夫婦二人有時會刻意安排哥哥在一些家庭活動中，擔任領導的角色；首先是培養他的自豪感，同時為妹妹設立榜樣，互相學習。例如有一年母親節，他們沒有在外買蛋糕，反而是變成一個全家焗

蛋糕的活動，蛋糕的味道是其次，過程中如何讓哥哥發揮小領袖的特質，帶領妹妹參與其中，分工合作才最重要。蛋糕出爐後，哥哥很有成就感。夫婦二人建議，家長不妨花少許心思，安排一些機會讓子女培養手足情誼。

當衝突來臨，夫婦二人除了要訓練哥哥忍讓、不可以事事告狀之外，亦要教導他們三人，無論事情的始末為何，亦一定要先互相道歉。不論誰對誰錯，二人最希望教導子女的，是一家人沒有永遠的敵意，當父母的要為他們修補關係，不能偏心。晶晶笑說，親子教育中最大的挑戰，也許是要時刻提醒自己是教育者，一定要有耐性。自己以前不愛說話，現在都變得囉唆起來，特別是當小孩學習得較慢的時候，父母會擔心，容易煩躁。作為家長，可以如何自我調節？這時候父母的換位思考就變得非常重要。每當晶晶教導子女功課時感到不耐煩，就會「蹲下來」，用子女的視野去感受世界，才發現有時是自己忘了，作為爸媽，職責就是教育白紙般的子女。經常用一個成人的眼光去要求他們，是怎樣也不會達至同步，倒不如調節自己期望，保持耐性。

度身訂造親子教育

坊間有形形色色的教育法，但是他們卻沒有特別依循用任何一種。他們認為，每名子女的性格也如此不同，似乎沒有一條方程式可以完全適用。然而，西方的教育法跟亞洲的教育法，兩個亦有社會環境或價值觀上的差異，倒不如為孩子度身訂造一套適合的親子教育。從多不勝數的選擇中，如何才不算是催谷了子女？

現在即使是小學階段，最熱門的科目除了是各項運動、琴棋書畫之外，就是 STEAM（Science, Technology, Engineering, Art, Mathematics）、編程及人工智能等，甚至有供三歲小孩報讀的財經訓練班，令他們大為驚訝。回想以往，小時候即使有機會參加興趣班，也不可能那般「多元」。面對活動及課程的日新月異，好奇心旺盛的小朋友當然甚麼都想試，父母的挑戰來自於，如何平衡經濟負擔及分配時間。Kenneth 提出反思，當整個社會也要求小朋友要多才多藝，我們是否沒有空間為子女尋覓新出路？夫婦二人選擇讓子女自行感受，嘗試找出孩子最愛的活動。

↑ Kenneth 與晶晶和孩子一起練習書法。

小時侯任創意飛翔

　　另一個父母需要反思的問題，就是如何在學習的同時，留一個空間給子女的興趣。坊間有些繪畫班，不是真以教導孩子畫畫技巧為主，而是早已提供模版，供小朋友塗色，就能「畫」出一幅美麗的作品，回家給父母展示，同時獲得證書。夫婦二人也認為，這種教學不是他們希望子女學習的方式。創意應是給小朋友一支筆、一張白紙就隨他們任意發揮，誰說風景畫一定要有藍天白雲？只要給小朋友發揮的空間，他們可以創造一個全新的世界。

　　親子教育上，Kenneth 主張，不要太着重結果，反而是重視過程中孩子能吸收多少知識，然後能夠加以應用又或重新創作，這才是最好的教育法。孩子年紀較小時，可以讓他們盡情探索，多試不同興趣，而過程中父母要求不用太高。隨子女日漸長大，應集中培養不同的性格特質。晶晶笑言，子女未來的計劃，會交由爸爸處理，自己則希望可以盡量在他們還是童年的階段，提供最大的自由及快樂，父母二人一方面重視將來發展，另一方面主張活在當下，令子女健康茁壯地成長。

觀賞球賽建立父子關係

　　夫婦二人，一位是金牌跳水皇后，一位是體育界推手，兩位與體育運動都有很深的緣份。晶晶留意到，要在香港成為職業運動員，比內地困難得多。在內地一旦立志要把運動成為職業，就會以訓練為主，學習為後；而香港運動員則很着重全面發展，運動出色之餘，社會亦寄望他們學有所成，壓力大得多，所以亦沒有強求子女跟隨自己的步伐。

　　參與體育能讓子女學習種種人生道理，他們與當時三歲的兒子去參加三公里馬拉松慈善比賽，兒子一直奮力前進，Kenneth 着他要量力而為，想不到兒子意志堅定，全程沒有停下來，直達終點。Kenneth 笑言他心中很佩服兒子有媽媽的健兒風采，堅毅不屈。現在兒子喜歡劍擊，能訓練他的專注度之餘，亦教會他學懂輸贏，重視訓練的重要性。因工作關係，Kenneth 遇有機會就帶子女觀看不同運動比賽，劍擊或香港國際七人欖球賽等也有去過，能享受灼熱的氣氛之餘，亦能感受那份凝聚力。他分享，當年自己跟着爸爸去看奧運的回憶，至今仍歷歷在目，記憶猶新。這種父子去看運動比賽的親子關係在外國亦很流行，甚至子女升讀大學後仍會和爸爸去觀看球賽。觀賞運動比賽，是父母與子女建立關係的絕佳機會。

教育模式將隨社會改變

疫情期間，幾兄妹的感情雖然親密了很多，但卻突顯了電子學習的不少缺點。要求成人全天候用視像會議開會亦不容易，又怎能要求子女全日只用視像上課呢？孩子專注力不足，對學習影響很大。Kenneth 則因為其專業背景，對疫情間香港電子學習的發展亦有了反思。他認為，除了電子書籍的發展需要加快之外，家長及學校亦要開始思考，當社會習慣了網上教學，將會改變整個教育模式，香港的電子教學發展，又可有足夠支援？他理解，很多家長在未有疫情前，沒有動機或機會嘗試相關生態，但是，將來補習社和興趣班有機會全轉變成網上教學，父母可以先行了解相關資訊，認識不同的網上教學平台，了解適合子女的課程類型。

Kenneth 除了繼承父親的衣缽，致力推動體育發展，同時亦有涉足青年發展事務，在企業及商界亦有不少發展。對於未來發展的分析，提出了相當精準而獨到的見解。他認為，要於未來世界立足，具有創意是關鍵特質。

科技發展打破了很多行業、國家，以及人與人之間的界線，誰也亦沒料到，電動智能汽車可以媲美傳統汽車的性能，在市場上能夠爭個高下。比特幣（Bitcoin）、

區塊鏈（Block Chain）等全新的金融科技概念顛覆了傳統的金融市場，為投資者帶來更多元的選擇。科技對世界發展的影響在於，它令很多傳統市場的入場門檻降低，又或者說，打開了很多沒想過存在的大門。以往要在傳媒、製車、地產等等的傳統市場中抗衡大企業，是天方夜譚，但 Kenneth 認為，現在的社會是機遇處處。科技是工具，放於具有無限想像力及創意的人才手上，才會為世界帶來新的改變及發展。

父母洞悉未來變奏

作為父母，先要對社會有充分了解，理解整個社會的結構及大氣候的發展已然改變，亦需明白下一代的孩子將會面對的問題。香港社會整體的生活壓力大，收入普遍追不上生活指數及樓價，下一代難免感到無力。舊時代是知識型社會，學術專科幾乎決定了未來的人生藍圖。從事金融，必須是修讀經濟；要打進商業市場，工商管理的學歷必不可少；需要專業資格的行業如律師或會計師就更甚。總括而言，舊時社會相信知識能夠改變命運，考取專業資格，擁抱傳統的中環價值，追求高薪厚職，對當時的人來說，就是向上流動的最佳指標。

將來無論任何界別，對於創新、敢於挑戰、破舊立新的思維的需求將會愈來愈大。如果父母能夠具有這種視野，而又抱持開明的態度去盡早培養孩子的創意及解難能力，就如供給子女一張入場券，走進未來的未知。以往社會的經濟結構比較單一，要成功曾經只有一條道路，然而，科技帶來了前所未有的可能性，開拓了很多要求新技能的路道，這也是 Kenneth 未來希望提倡的教育方向，至於透過甚麼形式來獲取，則是留給子女自行發掘。

才能比技能可貴

為子女作好準備以應付未來的挑戰，貴乎方式，不是結果。如不是從事與學科相關的行業，於學校學到的大部分知識，長大後亦會忘記一半。未來的世界是全球化時代，一間跨國企業能夠囊括不同的產業，資源共享下行業與行業之間的界線開始消除，以蘋果公司為例，它不再只是電子產品製造商，同時亦染指音樂、影視、製車、網絡服務等不同範疇，這類公司需要的員工，不再是擁有某種專業技能，而是具備多元才能，能以另類思維解決問題的人。

父母應該着重子女的社會應對能力、處理挫敗的毅力，鼓勵他們尋找自己理想，激發其動力和創造性。當然，父母並非教育專家，不一定要懂得十全武功，但需要反思的是，如果繼續沿用從前的精英價值去教育下一代，只教導他們爬往最高點，當未來社會追求的是價值、正義、貢獻；當「讓世界變得更好」成為共同理念，將來這名只會追求成為最上者的孩子，又是否能夠融入社群，為社會帶來更好的發展？還是父母應該提供新舊共融的教育方針，傳授傳統美德之餘，亦培養創新思維，讓子女能全面應付社會所需？實在值得所有父母細思。

一家人在一起的時光無可取替。

Tips for Parents

⭈ 發揮小領袖的特質 ⭆

家長安排小活動，先培養哥哥姐姐的自豪感，同時為弟弟妹妹設立榜樣，互相學習。

⭈ 互相道歉 ⭆

子女間的衝突來臨時，除了互相忍讓，無論事情的始末為何，亦一定要先互相道歉。父母要為他們修補關係，不能偏心。

⭈ 觀賞球賽建立父子關係 ⭆

享受灼熱的氣氛之餘，亦能感受運動的凝聚力，觀看球賽是父母與子女建立關係的良好渠道。

培養與科技並行的「領路人」

商業界 | 梁毓偉　張誼 夫婦
育有兒子 2 歲

賦予孩子**獲取知識的能力，**

終生學習。

香港青年聯會主席梁毓偉（Kenneth）與就職於環球金融市場行業的太太張誼（Jenny）結婚多年，育有一名兩歲的兒子。在兒子誕生之前，二人專注於馳騁職場，因為兒子，才學懂停下來，為自己、為家人放慢腳步。這次除了透過二人外國留學的成長背景，分享如何培養孩子國際視野之外，Kenneth 亦以自身研發 STEAM 玩具及青年發展公職上的經驗，分享共情能力可以如何應用於未來社會；Jenny 則以全職做金融市場工作的 working mom 的視野，分析其專業如何影響親子教育。

兒子出生後的
每個新年，更為
熱鬧！

孩子成為心靈良藥

　　Kenneth 曾在英國工作數年，其後回到香港承繼父親
的衣鉢，加入家族營運的龍昌集團，他亦熱衷於青年發
展事務，獲政府委任不少公職如青年發展委員會委員，
同時亦是香港青年聯會主席；而 Jenny 則從事節奏急速，
瞬息萬變的金融行業，每天面對股市突發波動的壓力，
一刻不能鬆懈。二人業務多多，如何平衡工作及家庭？
夫婦二人表示，父母於第一年最重要學的是時間管理，
由只專注自身，轉變成凡事以子女為先，過程中看似辛
苦，事業子女兩兼顧。然而，二人坦言，其實兒子成為

Chapter **02** 培養與科技並行的「領路人」

了他們緊湊生活中最有效的鬆弛劑。如果說父母與子女是互相學習的過程，夫婦二人從兩歲兒子上學到的，是生活與工作的平衡。兒子出生後成了家中的開心果，每次聽到兒子只說聲「爸爸、媽媽」，就足以讓他們放棄超時工作又或是晚上開會的念頭，這在從前的拼搏生活中，曾經是不可能的想法。關鍵在於，父母有否接納子女融入自己生活，而非覺得他們是額外的負擔。

反思子女成長質素

在全球疫情嚴峻的時代下，迎接新生兒子是非一般的挑戰。孩子一出生便口罩不離身，人與人之間主張拉開距離，而非親密接觸，父母嚴格消毒、防疫等的措施，也許對天性好奇，喜歡探索的孩子來說，會感到被管束。夫婦二人曾擔心孩子會對世界的認知產生誤差，而因為疫情沒法跟其他小朋友建立正常社交，亦有機會影響日後的人際溝通及發展。但是，Kenneth 認為疫情亦予家長們一個反思的機會。

以往有些父母會為子女安排過多的課外活動，甚至於兩歲前學習三言五語，如法文、拉丁文等。疫情下，

兒子出生後成了家中的開心果！

社會彷彿被迫停下來緩一口氣，大家足不出戶，興趣班暫停，父母可藉此空檔，去思考自己有否過度催谷子女，重新審視子女的成長質素，有否給予孩子足夠的探索空間？從遊戲或日常生活中發展多方面的共通能力，例如在未來社會十分看重的協作、溝通、創造、批判性思考，及運用資訊科技、運算、解難的能力，而不是只顧填鴨式教育，錯失培養孩子具備未來社會人才關鍵特質的機會。

接受子女獨特性

　　二人分享，如何讓孩子在開放探索的環境中成長，對他們來說亦是一大挑戰。學術上父母可以依賴學校的專業教育，至於性格發展上，父母能為子女做的，是盡力了解自己的孩子。看似簡單，其學問在於父母發掘孩子喜好之餘，不強加改變。Kenneth 以自己為例，他認為現在就要決定兩歲兒子的學習方案還言之尚早，倒不如嘗試從旁觀察他流露的長處及喜好。

　　原來兒子年紀小小就有很高的專注力，二人觀察到他看書時，能夠安靜閱讀半小時以上，而且看得很仔細，一字一畫都喜歡研究。加上他鍾情汽車，自懂性以來已對車呔，甚至各類車款等感興趣。於是，夫婦二人了解到兒子不是運動或藝術型的性格，而是名專心及組織能力高的孩子。他提醒，作為父母有責任接收子女的訊號，亦願意接受自己的孩子的獨特性，無須隨波逐流。另外，夫婦二人亦分享，當孩子到了適學年齡，家長宜多參與子女的學習進度，多與學校老師溝通孩子需要，透過家教合作，讓孩子得到全方位發展。

◀ 兒子年紀小小，便喜歡像
個小大人般看汽車雜誌！

賦予獲取知識的能力

　　兒子的個性，多少遺傳了他們的色彩。孩子的專注
力，也許是來自自小熱愛讀書，學術成就很高的媽媽。
Jenny 於十多歲的時候就去了美國升學，大學時期修讀數
學系，初次踏足職場，亦是在美國。現在回到香港開拓
事業外，同時亦修讀哈佛大學的研究生遙距課程。Jenny
分享，學業成績出眾的其中一個原因，是她很早開始認
字。因為內地學制與香港不同，內地學生自小學習拼音，
教材上都有標注音標。她在跟兒子差不多的年紀，已掌
握了全套拼音用法，所以認字能力特別強，加上興趣使
然，她很早就培養了閱讀的習慣。

她直言，這個學習方法在她的學業上造就了一大優勢。她寄語父母，對待孩子，要明白「授人以魚，不如授之以漁」的道理。與其強行灌輸，不如教授子女一套終身受用的學習方法，讓他在日後的學習道路上，做到知識不再是強記，而是吸收。她希望以自身的學習經歷教育兒子認字，賦予他獲取知識的能力，同時與丈夫一起為他創造發展空間，培養不同特質。

教育中融合金融概念

　　Jenny 在教育兒子上也經常應用工作經驗。舉個例子，相比起強行要孩子坐着不動，心不在焉的學習幾個小時，她寧願教育孩子如何保持專注，掌握「專心」這門本領。她指出，有兩種教育最容易教出問題兒童，第一是父母完全冷漠、漠不關心；第二是給予孩子過多關注。當中的平衡，需要靠父母自行調節心態。

　　她分享，她每天會花大約一小時與孩子一起，專心致志只做一件事，而且要把那件事做得最好，用最少的時間獲取最大的收獲。她笑言，受她自身的金融思維影響，希望能將最大利潤化的概念，應用於兒子的學習中。未來她亦希望可把自身專業如風險管理、博弈論等的金

🔺 Jenny 享受和孩子相處的時光，兒子是她拼搏的動力來源。

融概念傳授給兒子，不是希望他成為金融奇才，只希望
教會兒子融會貫通，把理論應用於生活。夫婦二人，一
邊因材施教，一邊授人以漁，就是他們能給予兒子最好
的教育法。

　　Kenneth 分享，自己雖然亦是外國留學回來，但就沒
有太太讀書厲害。他 12 歲到英國升學，父母一直給予他
足夠的自由度，讓他在學習階段獨立發展，亦支持他於
英國工作幾年才回流香港，打理家族事業。Kenneth 自
言自己是「廠佬出身」，父親創立的龍昌集團由玩具零件
裝嵌起家，到今天已然是研發智能玩具的龍頭大廠，當
中的堅持與解難能力不可或缺。他最希望能夠傳承兒子
的，就是解決問題的決心及能力。

他認為教育子女自己解決問題，不等於教他們自負或逞強，而是要他們先行嘗試。過程中，讓孩子理解自己的底子及實力，認識自身優點及缺點。Kenneth 指出，教導孩子認清自己的水平，是成長中重要的一環，這是個很好的機會讓父母引導他們弱項要虛心學習，強項亦不能驕傲。故此，即使兒子只有兩歲，每當他求助時，他亦會先教他用眼前已有的資源解決問題；除了解難訓練外，亦希望培養出抗逆能力。

🔺 Kenneth 最希望能夠傳承兒子的，是解決問題的決心及能力，一起成長。

發展抗逆力從生活着手

Kenneth 除了忙於龍昌集團的工作，亦非常熱衷於青年發展。他在香港青年聯會的工作中接觸到不少年輕人，發現這一代的青少年於抗逆及抗壓能力方面，需要提高，以避免產生太多的負面情緒。心理專家指出，抗逆力不等於拒絕經歷痛苦，這項能力亦不是與生俱來的。抗逆力需要發展及學習，Kenneth 分享，家長想訓練孩子的抗逆力不妨從日常生活上中着手，例如加以肯定孩子的努力、協助孩子訂立長期及短期目標，引導孩子把成功歸因於努力、知識和技巧。這樣的育兒理念，其實與管理產品製造廠同出一轍，他希望能把這份在家族生意中訓練出來的能力，傳授給兒子，鍛鍊他擁有堅強的特質，以及應付難關的力量。

提到自身的家庭教育，Kenneth 感激父母鼓勵他追尋自我，在不同的成長階段上給予有用意見。自小兩父子的相處情同朋友，而非由上而下的嚴肅父子關係，Kenneth 能夠向父親尋求指引，分享困難，爸爸對他的影響尤深，希望自己與孩子亦可以建立同樣關係。Jenny 笑言，與丈夫一樣，母親是她最好的朋友。於她的求學階段，母親無論多忙，亦會於晚飯後與她散步，多年如是。在這個每天的半小時裏，她與母親建立了深厚的感

情，她希望，透過陪伴與兒子亦能夠擁有這份連結，共同成長。雖然幾代人的教育孩子的方式不盡相同，但無論社會怎樣變化，與子女有效溝通，互相陪伴，才是不二法門。

訓練自主學習心態

Kenneth 家族生意的其中一項業務發展，是研發供孩子學習 STEAM 的智能玩具。這個近年興起的大熱潮流，其實希望在傳統教育上進而培養小朋友的甚麼能力？顧名思義，STEAM 代表科學（Science）、技術（Technology）、工程（Engineering）、藝術（Art）和數學（Mathematics）。跟以操練學術成績為主的傳統教育方式不同，STEAM 追求的是透過體驗學習、動手作等方式融合跨學科知識，連繫到現實生活和或社區之中。可以想像一個例子，在 STEAM 教育中，歷史科不再是死記爛背，紙上談兵，而是有機會結合物理及歷史知識，親手把古代的建築物如大橋、城牆等造成模型，從中學習歷史人物及故事，再引用常識科知識，探討這些古人智慧以及基建，如何影響經濟發展。由此可見，STEAM 着重培養小朋友擁有面對未來的技能及共通能力，能將知識資源轉化為資本。小朋友要適應這種綜合學習模式，父母可以重點訓練他們的自主學習心態。

Kenneth 分享，科技的另一項好處，是為孩子的教育帶來了一個全新的突破。在研發具有 STEAM 教育功能的玩具時，他會應用自身於青年事務的經驗。當未來社會不再需要只懂「死讀書」的人才，父母應該思考如何在一個既定的框架裏，給小朋友最大的體驗。他以早前參與籌備的一個機械足球比賽為例，小朋友可以得到一套建造機械人的器材，在編程及設計配件上，提供了很大的自由度讓他們發揮，這正是 STEAM 中的學習精神，開放體驗，表達自身想法。

在家親子學習 STEAM

　　問到父母如何在家中與子女進行 STEAM 教育，Kenneth 表示除了實體的 STEAM 教學玩具及遊戲外，坊間亦有很多不同的應用程式及網上平台可供使用。當中的內容包羅萬有，除了有大量指引清晰而安全地在家進行科學小實驗教學外，亦有航天、地理、博物館等的有趣學習。他理解不少父母擔心自己知識不足，操作困難，他表示現代人習慣電子產品，各學習工具的使用界面非常方便簡單，即使是教學玩具，說明亦清晰。他笑言，將來亦會物色一些簡單的機械車，與兒子一起動手砌，將是個非常有趣的親子活動。

國際視野在於包容及理解

　　夫婦二人都是接受西方教育，亦有於外地工作的經驗，作為父母，對於如何為孩子建立國際視野，二人看法一致。父母首先要對何謂國際視野有清晰理解，到過甚麼國家讀書並不等同「國際化」，反之，國際視野其實是一種思維模式，當中包括有多願意去接受新事物，有否對不同文化抱有同理及包容的心，更重要的是，如何在衝突下化解雙方矛盾。對他們而言，希望可以培養出擁有優秀的中華文化傳統，亦能吸收西方文化的好處，中西融會貫通的孩子。

　　二人寄語，父母要意識到孩子是自己的鏡子，反映出自身思想的闊度。如果希望開闊孩子的視野，父母需要培養自身的開放態度，並且接受孩子在某方面必然會超越自己，讓他們站在父母的肩膀上觀望世界。孩子的世界日新月異，吸收力又比成年人強得多，如果遇到一些價值觀上的磨擦，父母不宜嘗試打壓，宜以理解來引導他們邁向正確方向。

讓兒子站在父母的肩膀上觀望世界，
便是夫婦二人能給予孩子的「最好」。

51

共情力是孩子救生圈

夫婦二人相信，不同年代有各自的難關。對於未來世界的想像，他們認為全球化下，人與人的距離將愈來愈近，地域與行業的界限也愈發模糊。孩子的軟技能（Soft skills）變得相當重要，正如早前提到的抗逆、溝通、批判思考及解難能力等。二人笑言，他們沒法前瞻到能夠準確預測未來，但這樣的軟技能訓練，相信於子女的任何階段亦能成為強力的救生圈。

Jenny 直言，環保將會是未來一個重要議題，她與 Kenneth 希望可以盡早教會兒子關注世界，同時着重自身心靈的發展。畢竟未來是科技的世界，不少行業有機會被淘汰，更甚，一不小心會讓科技侵蝕了自己的心。二人希望教育孩子明白科技應以人為本，培養他的共情能力，就是給予他一件能與科技並行，並用以貢獻社會的保護衣。所以，她非常讚同 STEM 中加入了 A（Art，藝術）這一項，能夠培養孩子理解何謂情感。除了技能以外，亦教育孩子愛與忠誠、傷痛及原諒等的情感概念。夫婦二人感言，不一定期望兒子將來成為一個統領世界的領導人，但希望他可以成為一個富有同理心、關心世界，願意幫助弱小的「領路人」，貢獻世界。

Tips for Parents

⩗ 賦予獲取知識的能力 ⩗

與其強行灌輸，不如教授子女一套終身受用的學習方法，讓他在學習道路上自行獲取知識。

⩗ 訓練孩子專注力 ⩗

嘗試每天用一個時段與孩子一起，專心致志只做一件事，而且要把那件事做得最好。

⩗ 在家學習 STEAM ⩗

坊間有很多不同的素材，讓孩子在家進行科學小實驗，家長與孩子一起動手做，將是個非常有趣的親子活動。

培養孩子未來軟實力

創意產業界 ｜ 林盛斌 黃乙頤 夫婦

育有女兒 13 歲、女兒 10 歲、
女兒 7 歲、兒子 4 歲

在鎂光燈下，

六口之家學會**共情能力**。

在演藝圈中，有一個家庭，每當有人提起，通常都是伴隨勇氣可嘉、熱鬧非常等驚歎。說的是集影視藝人、專業司儀及主持、娛樂公司老闆於一身的林盛斌（Bob）與太太黃乙頤（Pearl）一家。他們結婚十多年，目前育有三女一子，分別是十三歲的大女兒霏霏、十歲的二女兒熹熹、七歲的三女兒機機，以及最小的兒子道申，兒子轉眼亦已四歲了。多年來，一家六口被問及最多的問題，是如何同時養育四名子女，並維持溫馨愉快的家庭關係？夫婦二人笑言，當中沒有甚麼親子秘笈，憑的是對幾位子女付出公平的愛，以及重視身教。夫婦二人分享他們如何把在鎂光燈下學會的樂觀、包容、解難及抗逆等的性格特質，靈活應用在親子教育中，以身作則，連繫起一個緊密的大家庭。

心態比知識重要

　　作為四名孩子的媽媽，太太 Pearl 認為，雖說希望成為父母是人類的天性，但放諸於現在社會，育養下一代有不同壓力及考慮，確實需要長遠規劃，並於心態上作最好的準備。所謂如何當父母，其實除了邊做邊學以外，別無他法。現在資訊發達，沒有網絡找不到的資訊，但有一件事是無路可循的，就是心理準備，只能自己建立。對 Bob 來說，他內心的那個小男孩，突然一下子要長大了，成為別人的爸爸，以前的生活習慣、興趣及觀念都有很大轉變。以往的週末他不是應酬，就是外出玩樂，晚睡晚起；孩子出生後，週末的飯局酒聚很難再找

到 Bob 的身影，因為他希望假日可以精神奕奕地共聚天倫樂。Pearl 笑言，她一直以來亦親證 Bob 的轉變，成為媽媽後，她亦開始明白養兒一百歲，長憂九十九的心情。成為父母，心態比知識重要。

說到要成為幾名孩子的父母，組織一個大家庭，夫婦二人坦言首要考慮當然是經濟狀況，生活開支大大提高在所難免。除了經濟條件以外，也要考慮到時間上的分配，不能本着有親人可代為照顧孩子的心態，就不去陪伴子女。心理準備上，相比起只養育一名孩子，要謹慎得多。親友經常表示很佩服他們一家六口，二人養育四名孩子，其犧牲及付出的巨大是難以想像的。然而，細心一想，其實父母能與小朋友同行的時光只有十多年，及後他們會長大成人，有個人想法及追求，慢慢建立起自己的人生。與其把現在這段時間視作「犧牲及付出」，不如細思作為父母，在這段短短的時光裏，如何能給予孩子最好，並調整心態，改為凡事以子女為重心，更能享受這段珍貴的親子時光。

秘訣在時間管理

　　Bob 亦分享，他的工作忙碌，照顧子女的重任難免落在太太身上。學習無分年齡，即使是太太，亦有自己追求的夢想，有不同的興趣想要發掘。Pearl 作為現代女性，示範了全職媽媽，亦可以兼職不同身份，她身兼家庭主婦、香薰治療師、玄學家多職，名副其實是「斜槓族」（Slasher）。發展人生的不同面向時，百忙中她亦能夠作出平衡，安排時間陪伴孩子，除了日常起居打理得妥當外，更有不少親子相處的時間。Bob 很感謝太太的付出，亦有深刻感受，養育子女是一份負擔還是恩賜，全看心態及責任感。

　　不少朋友表示，養育一名小朋友已經夠勞累，對於繼續生育感到非常卻步。Pearl 以親身經驗分享，其實有了第一名孩子的經驗，來到第二，或更多名子女，會比想像中容易適應，不一定更為手忙腳亂。她建議父母，要相信經驗能夠帶來熟練。此外，照顧多名孩子其中的關鍵，是透過他們的成長過程，學好時間管理。她指出，照顧大女兒的時候，因未有經驗，難免把時間表設計得鉅細無遺，而又為了要準確執行而產生巨大壓力；來到了第四位孩子，對於如何安排日常照顧，可謂駕輕就熟。

一家六口每天都充滿笑聲。

任何表演亦不及自家孩子的合唱吸引，看慣表演的 Bob 樂在其中。

多了愛不是分了愛

香港社會生活步伐急速，不少父母在家庭與工作之間，難以取得平衡，如果再多照顧幾名子女，確實難以想像如何在有限時間及資源裏，對每名孩子付出持平的愛護及心思。一旦分配不均，子女之間難免產生磨擦。

夫婦二人提出，除了父母二人要有足夠溝通之外，為將成為姐姐或哥哥的孩子，做好事前的心理準備，是培養手足之情的重要基礎。以他們的家庭為例，夫婦二人於計劃再生育前，會把這想法與孩子們先分享，希望她們會視妹妹或弟弟是一份禮物，而非競爭者。畢竟父母有天終會離場，世界上真正血濃於水的，就只有他們四人了。那份終身陪伴，才是手足之情的最深層意義。讓孩子知道，增加家庭成

🔺 「愛」是一家六口一直能保持溫馨相愛的秘訣。

員是「多」了愛，而非「分」了愛的概念，是他們一家六口一直能保持溫馨相愛的秘訣。夫婦二人表示，藉着三名女兒成為姐姐的契機，希望她們學會關愛幼小之餘，亦能訓練出獨立、敢於承擔的能力。

不偏愛任何一位子女

雖說幾名小朋友之間情誼深厚，天下間又哪有毫無磨擦的家庭？中國傳統的家庭教育處理手足間的紛爭，一般會把矛頭指向最年長的子女。Pearl 笑言，平心而論，弟弟妹妹還小，很多時候都是他們無理取鬧在先，作為父母，不要因為年紀小而避開不指導。除此之外，她會邀請姊姊們一起教育年幼弟妹，有助把不滿及憤怒轉化成為手兒連結，培養年長子女照顧的能力。

他們提醒，無論子女年紀為何，亦要獎罰分明，明辨對錯，一視同仁。Bob 坦言，不少人認為他來自潮州家庭，所以夫妻二人是有計劃地索得男丁，兒子一定是受盡寵愛。但他與太太從來沒打算「追」一名兒子，對他而言，每名孩子同樣值得愛錫。沒有偏愛，是他作為父親的準則。

相信不少人亦感到好奇，一家六口關係可以這麼緊密，背後又可有秘訣？原來有一項看似嚴厲，但其實充滿溫馨的家規。他們飯桌上有一項規矩，名叫「No phone on the table」。香港人習慣機不離手，不少家庭於飯桌上，亦是各有各看手機，缺乏溝通。然而，Bob 一家人吃飯時習慣交換生活點滴，分享喜怒哀樂。夫婦二人自小教導子女，同桌吃飯是家庭時間，一天的生活中大家各有各忙，唯獨是這一小段時光可以全家一聚，所以不准邊吃邊玩電話。一張飯桌，是一家人的連結所在，這項家規持之有效。

了解子女獨特性

　　親子教育對很多父母來說，就是在子女如同白紙的階段，教導他們使用不同的顏料，日後為自己的人生，塗出不一樣的色彩。然而，人生的顏料固然是多姿多彩，選擇萬千，但作為父母又可曾想過，其實紙質亦有很多不同種類？說的紙質，就是孩子的自身獨特性。

　　Bob 夫婦笑言，他們家四名年齡不同、性格各異的子女，就像電影《復仇者聯盟》一樣，每個角色都獨當一

面，各具優點。二人形容，大女兒霏霏性格就像「鋼鐵俠」，具領導才能，性格又如變色龍，適應能力很強，惟說到要她深耕一種興趣，還需要多點時間鍛鍊。二女熹熹則像「黑寡婦」般心思細密，性格較為慢熱，凡事專心專注，需要父母給予耐心，細意發掘，定能發光發熱。三女兒機機，Bob 笑言她是「變型俠醫」，火爆起來不易應付，較為執着，這既是優點亦是缺點的性格，讓她過於追求完美主義，有時辛苦了自己。來到了兒子道申，則像稚氣未除的「蜘蛛俠」，鬼馬可愛，性格外向的他，同時很保護身邊的人，年紀小小卻很要面子，「受軟不受硬」。夫婦二人對四名子女的性格如此了解，為的都是希望可以為每名孩子度身訂造屬於他們自己的道路。

他們不會過於插手管教子女，反而是讓他們組織自己的系統及相處模式，父母只需從旁觀察，於他們有言語衝突或肢體衝撞時才介入處理。在這樣的教育下，大女兒不但能夠處理弟妹間的紛爭，這位家中大姊姊更會當起「和事佬」，化解父母與子女間的矛盾。這例子反映了女兒確實會模仿父母的處事手法，從而應用到其他衝突環境之中，父母作的榜樣，對子女人際關係的建立，影響深遠。

父母與孩子在這個家，也享受到快樂及被愛的感覺。

讚美孩子是一家六口相處的基石。

讚美教育鼓勵探索

跟所有父母一樣，夫婦二人在第一個女兒出時，很醉心研究不同的教育方法。令 Bob 得着最多的，是一個從前由他統籌的電台節目，名叫《爸爸媽媽坐下來》。當中邀請了各界名人如劉天蘭、岑建勳等向坊間父母分享育兒心得，內容非常精彩實用。讓他最深刻的，是學會如何讚美孩子。從此以後，亦成為了他們一家六口相處的基石，他與太太更會毫不吝嗇地表達誇張的讚美，旁人看了大概會發笑。他笑着表示，這樣做不是希望令他們自驕自滿，而是希望可以透過加許，令他們感到純粹的快樂及被愛的感覺。

其實讚美這個概念，亦可以應用於引導子女如何面對挫敗，當發現子女的表現未達標準，Pearl 會欣賞孩子努力的過程，再與孩子一同探索進步的可能性，而非先行責罵，只着重成果。也許東方傳統的教育文化偏向嚴厲，父母與子女之間的關係存有權威性，未必習慣表達親切情感，誤入了覺得孩子「理應」表現良好的迷思，又或只願給予有條件的讚賞。Pearl 分享，她着重鼓勵孩子們在功課上就算不懂，亦不能留空，答錯了不要緊，至少還能夠改正，但放棄了，就等於失去了一個學習機會，其讚賞及鼓勵的舉動，有助子女明白過程中努力的重要性。

培養孩子未來軟實力

　　說到要培養孩子解難、協調、多角度思考等的軟實力，夫婦二人認為，身教是不二法門。所謂身教，是父母如何以身作則，為孩子示範待人處事的方式。不少教育專家亦強調，小朋友是通過觀察至親的行為，尤其是父母，以進行模仿，從而建立不同的行為模式及價值觀。辨別一個行為的對錯，是源自於其他人對這件事的反應，例如行為所獲得的獎勵及懲罰等，從中學習適當的社交行為，融入群體，慢慢發展成為社會的一員，如果父母身教優良，子女就能培養出良好的性格特質如友善、盡責、正直及靈活變通等。以夫婦二人為例，他們最能給予的身教，就是溝通。父母之間、父母與兄弟姊妹之間的溝通協調，都是孩子們成長的養分。

　　Bob 更分享，子女們的性格正面樂觀，可能與父母於日常生活中，經常帶動他們的正面情緒有關。即使是再平常的活動，夫婦二人亦經常以充滿童真的方式，跟幾個小孩子一起熱烈期待，保持生活的熱情；甚至去沙灘找泊位時，也以動用全家「念力」祈求車位的方式，與孩子一起享受分秒。他笑言，主持的工作是帶動現場氣氛，眾人眼中，他自然是開心果；最令他感動的，是有

次看到了當時只有六歲的二女兒，在功課上形容爸爸是個很開心的人，在他身上，她學會了何謂快樂。Bob 窩心地分享，他能成為子女專屬的開心果，是他一生中最大的成就。所以，父母身教的力量，絕對不能輕視。

學會對自己人生負責

事業上的成功，令 Bob 的一家被認定為環境優裕、物質豐富的家庭。四名子女，又是否屬於可以「靠父幹」的一代？夫婦二人對此皆有明確共識，對於孩子的未來，作為父母，只會負責供養至成年，便功成身退了。Bob 表示，幸運地，他們能夠給予子女一個舒適自在的成長環境，但卻絕不會提倡過份優厚的物質生活。Bob 及太太亦認為，培養子女全面發展，給予將來立足社會的能力後，子女往後的人生規劃如置業、創業等等，要靠他們自己努力爭取，對自己人生負起一定責任。至於對子女的期望，二人坦言希望可以培養子女成為正直、有責任感及快樂的人。女兒們能一展所長之餘，亦能找到真心愛護她們的人；至於兒子，可能受到父母輩影響，Bob 期望兒子可以堅強、勇敢、有承擔，將來負起照顧家人的責任！

無論順逆 陪伴彼此

經過疫情等等，社會氣氛緊張，人與人的紛爭及矛盾亦常有發生；而未來社會的競爭將會愈來愈激烈，面對子女的未來，他認為，培養他們持有包容的心，最為重要。Bob 以經驗分享，身為公眾人物，受到觀眾喜愛，他當然感恩；但每當批評來襲，尤其是網絡發言，往往不甚友善，而且頗為傷人。

他分享，偶有網民在女兒們的社交平台上留下負面留言，女兒不單沒有介懷，亦處處維護父母，冷靜地表達她對父母的愛。對此，夫婦二人尤其感動。他們感慨，成人世界較多計算，一言一行，有時未必真誠真摯，反觀女兒能於她這個年紀，已有如此包容及體諒的量度，着實非常真誠及難得。夫婦二人希望，四名子女未來的成長路上，一直保持堅強、樂觀、尊重、包容的特質，無論遇到任何挫折、傷害、失敗，他們可以一直陪伴彼此，快樂成長。送給子女一個這樣的家，讓他們未來不怕前行，因為回頭一定有人在，大概就是 Bob 及 Pearl 夫婦二人，能給予孩子的「最好」。

希望未來的成長路上，四名子女一直陪伴彼此，快樂成長。

Tips for Parents

⸎ 邀請孩子教育弟妹 ⸎

遇有手足間的紛爭時，請年長孩子幫忙分析處理，有助把不滿及憤怒轉化成為手兄連結，並培養年長子女的照顧能力。

⸎ No phone on the table ⸎

同桌吃飯是家庭時間，一天的生活中大家各有各忙，唯獨是這段時光可以全家一聚，不准邊吃邊玩電話；飯桌是一家人的連結所在。

⸎ 培育正面的性格 ⸎

即使是再平常的活動，父母也可以充滿童真的方式，跟孩子一起熱烈期待，帶動孩子的正面情緒。

培養孩子
可以失敗的精神

體育界 | 李小鵬 李安琪 夫婦
育有女兒 9 歲、兒子 5 歲

孩子的**九十九次失敗**後，

就是成功。

人稱體操王子的前中國體操運動員李小鵬（小鵬）與太太李安琪（Angel）結婚十一年，二人的愛情故事曾為一時佳話。現時育有兩名子女，分別是九歲的女兒李馨琪以及五歲的兒子李明泰。兩人的成長背景可說是南轅北轍，李小鵬從小到大都是嚴守紀律的運動員，而 Angel 則是受西方教育的愉快孩子，二人於教育子女的理念上，卻是一拍即合。「教會他們不怕跌倒，就是我們作為父母，所能給予的最好教育了。」說的，是爸爸作為運動員的珍貴傳承，亦是媽媽令子女學會堅持的最佳教育法。要成為一對合格的父母確實不易，責任心以外，當父母的不只希望把孩子撫養長大，還希望能教育他們成為一個好人。只要作好心理準備，願意畢身學習，任何人也可成為父母。

與孩子一同學習

　　自從當了媽媽，Angel 每分每秒也在學習新事物。在陪伴孩子學習的過程中，他們學會如何分工合作，爸爸負責中文，媽媽則專注英語及其他科目。隨着女兒日漸成長，興趣多多，她亦開始接觸不同的課外活動，女兒愛上花式溜冰，夫婦二人立即買處了解相關知識，急不及待與女兒分享新的興趣。他們會給予充夠空間，讓孩子自由選擇，不會強行安排。會從旁觀察他們的性格，而作出相對建議，並讓孩子決定要不要讓他們陪伴在側。作為父母，與其花費心神為孩子安插一星期七天的課外活動，倒不如耐心地分析孩子的特質，為他們推薦各項合適的興趣。

小鵬和 Angel 一直相信，每一個人都有其獨特性，對於人生有不同的詮釋。成功也好，快樂亦罷，其意義不可能一概而論。同樣，教育孩子不可能只沿用一套法則，不能看到別的孩子成功，就硬加在自己的子女身上。即使是姐弟二人，兩名孩子的性格亦截然不同。

　　小鵬和 Angel 笑言，他們姐弟二人，真的是太不同了。女兒性格聰明認真，做起事來努力踏實，對於不明白的事，一定會尋根究底弄個明白。媽媽 Angel 笑說，別小看她年紀輕輕，這位小女孩心思細膩，情感豐富。這份既認真又感性的性格，讓她對周遭事物感受很深。兩母女經常一談天就是兩個多小時，她感謝女兒總是願意讓他們走進她的小世界。然而，當她感到傷心時，父母二人會先讓她處理情緒，冷靜過後，才慢慢理解她的想法。兒子卻機靈但又調皮得多，做事總是又急又快，不像姐姐般認真，總是愛耍小聰明。雖然他活潑好動又貪玩，心底卻知分寸，懂得知足。

　　面對兩名性格各異的子女，李氏夫婦經常提醒自己，除了要照顧他們的不同，作為家長，亦需公正持平。對於二人，他們都定下相同的規則，絕不厚此薄彼。幸好姐弟二人各有特點，生活處處充滿精彩及歡樂笑聲。

🔺 四口之家生活處處充滿精彩及歡樂笑聲。

信任孩子的發展步伐

　　說到二人在親子教育上的心得，夫婦二人認為，就算父母期望再高，事實上，孩子的成長及發展，是一個終生的過程，即使這一刻為孩子畫出一個「完美藍圖」，亦不一定切合他的將來。Angel 分享經驗，她跟小鵬從來沒有設定期望，唯一希望是自己能伴陪孩子走過每一段路，要以孩子自身的性格及需要作為基礎，並不是強加父母，又或是社會的各種眼光及價值。二人笑言，原來放手嘗試，讓孩子於成長路上盡情地探索自己，孩子是真的有能力找到自己的方向。

　　有些父母比較在意孩子的發展進度，到了某階段亦未學會相對技能，未如理想，就會擔心他們是否有學習障礙，甚至擔心子女的人生會落後於別人。二人以女兒

為例，當時女兒還未滿一歲，身邊不少朋友曾問：「你的女兒還未學會走路嗎？我的孩子在八至九個月大已學會了！」那刻作為父母的他們雖然難受，但仍不忘提醒自己，我們的孩子只是進度不同，卻不等於是不正常。他們深信，只要女兒準備好了，願意嘗試了，她自然能學會。

只要孩子準備好了，願意嘗試了自然能學會。
父母希望能伴陪孩子走過每一段路。

對一個不足一歲的孩子如此信任，旁人也許覺得匪夷所思，但小鵬及 Angel 願意相信孩子，一路堅持陪伴在側，絕不會只顧拉着他們要向前衝。結果，女兒於一個月後便成功踏出人生的第一步，見證這珍貴一刻後，更讓夫妻二人確定自己的信念，不要把目光及心思全花在與別人的孩子比較，反而該專注了解自己的孩子。

找出育兒理念共通點

　　小鵬作為前國家金牌體操選手，六歲便進入體操學校進行訓練，童年過的，是與隊友征戰體壇的團隊生活，由訓練到成為奧運選手參加比賽，從小培養的，是堅忍與耐力。他的童年在嚴格的運動員規律生活中渡過，每天凌晨五時起床，訓練、吃飯、上課、訓練，紀律嚴明。這樣的成長環境，除了幫助他成為出色的體操選手，對於多年後教育自己孩子的方法，他坦言，亦有多少影響。

　　他分享，即使「規則」伴隨了他半個人生，但慢慢經歷多了，發現有時突破框架，才會看見更多可能性，他希望可以把這想法，應用在教育孩子上。他跟太太有共

識，在讓孩子自由發展的前提下，還是有一些規則要遵守，例如作息及遊戲時間、準時美德、功課認真等等。但不會強迫他們服從所有人的期望，讓他們可跟隨自己的心靈，一步步成長。

另一邊廂，作為美籍華僑，Angel 從小在美國長大，童年就像一般家庭一樣，跟父母及妹妹一起生活。不同於從小離開家人的丈夫，她擁有愉快而關愛的家庭生活，面對二人如此不同的成長環境，對於他們的下一代，卻有着完全相同的理念，就是為孩子們建立一個愉快自主的童年。

可以建立如此契合的共識，靠的其實是二人在計劃生育孩子之前，就對育兒手法進行徹底的溝通。夫婦二人坦言，兩人各自擁有不同的價值觀及文化背景，共同組織一個家庭時，對於家庭的定義自然不同。雙方需找出彼此的共通點，而不是怕有爭議而逃避問題。以他們為例，Angel 的童年輕鬆快樂，小鵬則紀律克制；兩人彼此讓步妥協，認同孩子必要有規有矩，同時享受人生。二人甜蜜地分享，在與孩子共同成長的漫漫歲月裏，爸爸與媽媽二人，永遠是彼此的最佳拍檔，亦是最佳戰友。

↑ 爸爸與媽媽二人，是彼此的最佳拍檔，亦是最佳戰友。

「錯誤很好」容許失敗

容許孩子出錯，是他們其中一個重要的教育理念。如果不讓孩子從錯誤中學習，他們如何學會進步，發展成更好的人？夫婦二人坦言，總有一天父母會從孩子的生活中退場，不能一輩子待在他們身邊。只在適當的時候扶他們一把就好了，不應該強行把自己的思想及做法加諸他們身上。當面對子女堅持己見，夫婦二人亦會放手，任他們嘗試。當孩子嘗到失敗，自會明白失落及沮喪是有益的，錯誤是容許的，因為能夠從中學習，吸收教訓，化成更大的動力再次努力！

說到失敗，對從小是運動員的小鵬來說，可以說是老朋友了。由一名小男孩，走到奧運會的金牌頒獎台上，當中經歷過多少次的失誤、跌倒及傷痛，才能成就一個完美的雙槓動作？二人分享，女兒喜愛花式溜冰，每當看到她從冰場上跌倒，心痛之餘，心中其實十分「高興」。因為在場上，女兒只能靠自己重新站起來，當中學到的毅力及堅持，是無價的經驗。有一次女兒在花式溜冰比賽上因為太緊張而出現失誤，賽後她非常傷心，夫妻二人視之為一個珍貴的機會去教育女兒跌倒的可貴。小鵬跟女兒分享自己作為的運動員心路歷程，跟她解釋

▲ 父母與子女一起從運動中學到的毅力及堅持，是無價的經驗。

緊張是因為重視，更重要的是，一個人的成功，來自於即使經歷了九十九次失敗後，亦不甘放棄的堅持。女兒及後明白，並很努力地再與教練針對弱點進行練習。

以科技教育孩子

來到這個「一人一機」的年代，要避開不用電子產品，幾乎是不可能的事，亦會因此而被社會淘汰，甚至影響生活。對於大部分父母而言，如何在教導孩子和使用電子產品之間建立一個健康的平衡，是一大煩惱。小鵬和 Angel 認為，首先不應該一刀切地嚴禁小孩接觸科

技，畢竟電子科技是未來社會發展的大趨勢，大數據、編程、人工智能等是未來發展，需要孩子具備一定知識。不過，他們二人建議，父母可以考慮把電子科技應用在教育手法中。iPad 如果應用得宜，可以是一個很強大的教學工具，他們經常為孩子物色不同的教學應用程式及電子書。

即使是父母，也可能會遇上不懂的範疇，Angel 坦言自己數學不好，需要尋求協助，電子學習正是利用科技優點的最好時機。他們寄語各位父母，學習的關鍵，是對知識感興趣，而遊戲學習正正是把知識以一個有趣的方法呈現給孩子，學習不再是「背死書」，而是「動手學」，父母們不妨物色各類有趣的應用程式，寓遊戲於學習。

以教育法劃分學習時間

在整整一年的防疫措施下，停課不停學成為了最新趨勢，無論是家長、孩子還是教師，都突然要懂得電子學習。Angel 分享，經歷了整年幾乎只用 Zoom 上課的時間，最大的感受，是父母的角色突然被逼進化，以往教學的責任放在學校，自從在家學習後，父母也當起「老

師」，與小孩一起學習，協助他們緊貼課程進度。對很多父母來說，在家學習引伸了一個全新問題，就是以往上學時，學校時間表已為孩子規劃了學習和休息時間，回到家即使會溫習，亦算是明確劃分了早上學習、下午休息的作息。在家學習讓這界線變得模糊，孩子有時會在Zoom上完網課後，便鬧着要玩耍。

夫婦二人為此特別分享了一個教育法。試幻想父母為孩子建立了一個框架，「框邊」是一個規限。舉個例子，規限是星期一至五定為學習時間，不能看卡通，但週末孩子則可以任意選擇看甚麼節目，甚至可以選擇看電影，姐弟二人須自行商討達成共識，爸媽不會為兩人作主。他們希望做到的是，在一個框架裏，讓孩子理解設立規限的原因，同時提供空間給孩子作自主選擇。應用此教育法，孩子放手發展自我之餘，亦學懂遵守規則的重要。

過去一年，教學重任多少落了在父母身上，亦證明了電子學習的重要性，為了應付不可預期的挑戰，父母們應該及早習慣電子學習。Angel建議，不妨多交換不同的電子學習資訊，分享用家意見及經驗，建立緊密的分享網絡，攜手應付社會的不同挑戰。電子產品的普及，也許為父母與孩子打開了一個溝通的良好機會。小鵬與

Angel 分享，父母可以嘗試與孩子訂立一個小協議，請孩子以溫習或做功課時間，換取同等或較少的電子產品使用時間，期間他們可以按自己喜好看影片或玩小遊戲，父母與孩子之間從而建立一個互信基礎之餘，亦可控制他們的電子產品使用時間，更能教會他們責任感。

最重要的一課是學會珍惜

　　說到有甚麼「最好」的可以給予孩子們，相比起生活富裕、成功人生等等的世俗指標，小鵬與 Angel 卻認為，能有足夠吃喝已很好了。這樣一個看似基本的條件背後，其實是他們希望孩子學到人生中最重要的一課，就是「珍惜」。小鵬分享，小時侯並不富裕，有飽飯吃、有教育機會就很幸福。時代進步，物質享受變得伸手可及，讓孩子們學懂知足及感恩，讓他們長大後可以踏實地尋找及創造自己的人生，也許就是他們作為父母，所能給予的「最好」了。Angel 希望孩子明白，他們一家是幸運的，生活幸福，藉此教導他們如果日後有機會，必定要回饋社會，貢獻世界。

　　新時代下的世界瞬息萬變，巨變往往發生於眨眼之間，新冠肺炎疫症的全球爆發就是最佳例子，無人能料。

對於孩子們將來會面臨的挑戰，夫婦二人認為應該要以知識好好裝備孩子，鼓勵他們不斷學習。二人以全球暖化為例，下一代可能會面對糧食短缺、氣候變化等嚴峻挑戰，教育成為最重要的渠道，父母應該盡量為孩子們提供最好的教育機會，讓他們作好準備；讓孩子未來有機會為自己、為社會做最好的選擇。他們笑說，現在兒子每天「教育」爸媽要惜膠，不准他們亂用塑膠製品，對小鵬及 Angel 來說，一家人能夠一直互相學習，就是最好的親子教育了。

Tips for Parents

⋛ 容許孩子出錯 ⋛

當孩子嘗到失敗，自會明白失落及沮喪是有益的，錯誤是容許的，因為能夠從中學習，吸收教訓，化成更大的動力再次努力

⋛ 不必太在意學習進度 ⋛

孩子學習進度各有不同，孩子準備好了，願意嘗試了，自然能學會。

⋛ 訂立遊戲溫習協議 ⋛

父母可以嘗試與孩子訂立一個小協議，請孩子以溫習或做功課時間，換取同等或較少的電子產品使用時間，父母與孩子之間從而建立一個互信基礎之餘，亦可控制孩子使用電子產品時間。

培養孩子
「嘗試」的勇氣

體育界 | 黃金寶 謝安琪 夫婦
育有 6 歲兒子

父母最希望傳承給兒子的，

是運動員**無懼追夢**的精神。

前香港單車代表隊運動員黃金寶與太太謝安琪結婚多年，兒子黃卓謙來年將會上升讀小一。說到親子教育，黃金寶與太太笑言他們不是專家，但與天下間的新手父母一樣，希望與兒子一同成長。現在兒子快將踏入小學階段，相比起培養不同技能及興趣，夫婦二人比較着重兒子的性格發展。曾披上代表單車車壇上最高榮譽的「彩虹戰衣」的黃金寶，由六歲開始便在單車上努力不懈，風馳多年，他最希望傳承授給兒子的，是運動員的那份無懼追夢的精神。他亦希望以自身專業，加上體育推廣的經驗，向父母們分享如何透過運動，協助子女開拓人生道路。

仔仔興趣多多，性格好動，熱愛和爸爸一起接觸各種運動。

黃金寶兩父子時常進行單車比賽，二人互有輸贏。

　　說到兒子，黃金寶夫婦形容他的性格比較害羞，父母二人親自照顧孩子，孩子性情自然與他們相近，兒子帶點慢熱的安靜個性，就像極了爸爸媽媽。太太安琪溫文有禮，想不到的是，曾經是名馳騁沙場的單車健將的黃金寶，原來在家中，是個內斂溫柔的爸爸。兒子接觸運動後，性格開始好動起來，熱愛接觸各種戶外活動如打網球、踏單車等，夫婦二人笑言，他們最期望的不是兒子成為出色的運動員，而是希望運動能為他的成長帶來良好改變。

延遲滿足學會珍惜

對於兒子的學業，夫婦二人雖沒有設定太高期望，但亦希望兒子學會訂立目標，達不達標是其次，過程中培養的責任感才最重要。黃金寶因為曾是全職運動員，又當過香港單車隊的教練，深深明白要成就一件事，沒有比一百分的熱愛更為有效的靈藥。所以他從不催谷，只要兒子是真心喜歡，就一定能練出成績。

放眼兒子，他沒有設計嚴謹的訓練計劃，更多的是觀察他的喜好及天分所在，從而加以發掘。兒子最近愛好網球，更想嘗試劍擊及武術，興趣多元。

有時遇上兒子要求多多，黃金寶夫婦二人會使用「延遲滿足」的手法，要兒子經歷等待，過程中讓兒子思考該如何付出以換取收穫，從而學會珍惜。舉個有趣的例子，兒子愛上「爆丸」陀螺，來年更想參加比賽，他向爸媽表示想買最新型號的陀螺，於是黃金寶抓緊機會，向他開出一個小小交易，一是現在擁有但一年後用此型號來參賽；二是等到下年比賽到了，才買一個最新的型號。兒子思考過後，最後選擇等待，到自己有實際需要時才擁有。遇到小孩的要求，與其直接拒絕，不如提供不同選項，讓他們自行選擇，不需要強迫孩子依從。

運動實戰學怎樣輸

　　說到爸媽之間的分工合作，黃金寶由前線轉戰到幕後進行體育的推廣工作，他坦言在家的時間較少，兒子的學校溝通、日常學習等都交由太太主理。他會特別抽出時間，以「運動實戰」教導兒子甚麼是堅持。在親子單車比賽中二人互有輸贏。過程中他領會到，兒子在踏單車時跌倒，未學會重新站起來之前，父母要先學會放手，讓小朋友感受失敗，有時他甚至會刻意令兒子輸。從中，父母除了能夠直接觀察子女看待輸贏的態度，亦可引導他們，正面看待事情，一起思考改善不足之處；鼓勵子女分享失落，陪伴他們勇敢再試，重新參與。

　　太太安琪笑說，運動就不是她的強項了，她沿用得最多的教育手法，就是遊戲。兒子像一般小朋友一樣，愛玩又好動，夫婦二人幾經思量，還是不願意強迫兒子。不希望他年紀小小，就要被灌輸大量的學術知識，既然他愛玩，就嘗試以遊戲融入學習。她建議其他家長亦可搜羅坊間一些互動遊戲工作紙、學習包等工具，在家中簡單地跟隨課程設計，與小孩子透過活動學習，亦從中訓練親子相處的技巧。

爸爸是孩子心中的 Super hero！

走入子女內心世界

很多父母都會專注於為孩子報考各種興趣班，唯恐未來不夠條件競爭，卻往往忽略了作為父母，亦有屬於他們的學習課。在孩子出生前，父母可以準備身心，先行研究不同的教育方法、如何培養親子關係、夫婦對身教心態有共識等，對未來的育兒發展會有很大幫助。要謹記這亦是父母的一場終生成長之旅，才能為子女提供最合適的教育。

回想祖父母輩的年代，生活艱難，很多家庭但求兩餐溫飽，無暇研究不同的教育法，上一輩的父母，唯一願望，就是希望子女有吃的穿的；祖父母輩所培養的，是刻苦耐勞的精神。時代進步，未來社會要求孩子有的，不再是求生技能，而是全人發展，擁有既創新又靈活的特質。作為這一代的父母，要學習的有時比子女還多。太太安琪分享，幸好孩子的學校，提供了不少課程及講座，她這才發現，原來現在要有效地與小朋友溝通，不能再像自己的父母般，以家長權威的方式下達要求，而是更着重如何走入子女的內心世界，平等對話。

不少學術研究包括哈佛大學、麻省理工學院等亦指出，未來的人才需要具備四大關鍵才能，分別是批判性思考、溝通協調、合作能力及創意解難。要培養孩子擁有以上能力以應付未來的全面數碼化時代。聰明、天分等既定特質已沒有舊時代般被看重，反而是情緒智商，俗稱 EQ 的發展更為重要；再來就是 AQ，亦即適應性商數，指數愈高代表孩子處理困難及靈活變通的能力愈高。太太安琪相信所有父母都一樣，到了某一刻，總要放手讓孩子自由傲翔。她笑言這方面的發展重任會交給爸爸，畢竟在他漫長的運動員經歷中，困難常有，多年訓練下來的堅毅精神可以傳授給兒子，培養他解決困難的關鍵特質。

學業興趣雙軌並行

黃金寶回想自己小時候不愛讀書，一心投入熱愛的單車之中，到後來才重返校園，放諸於現代社會，可謂顛覆了主流的社會標準。自己有此經歷，所以他亦不要求兒子要成為完為典範，太太亦笑言，身為成年人的我們，亦未必符合現今社會所謂「成功」的標準，更遑論小朋友。相比起成功本身，夫婦二人最希望呈現給他的，

是一個能創造成功的機會。把不可能變成可能，也就是切切實實的運動員精神。

香港車神黃金寶的故事，亦是獅子山下精神奮鬥的故事。他自小家境並不富裕，典型基層家庭，父母為了養活子女而勞碌工作，無暇照顧黃金寶的性格發展，對當時那名小伙子來說，卻是說能一嚐自由的滋味，可以選擇自己的路。他踏入 18 歲之時，已然是位單車健將，在繼續升學與成為全職運動員之間，他選擇了後者。當時已入讀大學的姐姐有為他作風險分析：黃金寶是家中最小的弟弟，運動上又漸有成績，所以父母就隨他追求理想。黃金寶至今亦教導兒子，生活只是起居飲食，生命卻擁有熱情及夢想。

黃金寶坦言，當時選擇放棄學業，承受的風險確實很高。有了自身經驗，夫婦二人希望兒子能夠雙線發展，除了具備基礎能力如三文兩語、學科知識之餘，亦具正面、創新、接受失敗及勇於嘗試的性格特質。自己榮升爸爸，體會到當年父母的憂心，然而，他寄語家長必須保持耐性，追夢是漫長而充滿失敗的過程，所以其堅毅才顯得珍貴。

令孩子相信眼前有路

香港社會競爭激烈，父母能在足夠的經濟條件下為子女鋪設康莊大道固然好，但如果真有一個現象名叫「贏在起跑線」，那麼一些較為基層的家庭，又可有機會另闢一條新的跑道？黃金寶作為前全職運動員，現在轉戰幕後，於港協暨奧委會旗下的一間非牟利機構中負責向基層家庭推廣體育。在機構工作中，他希望向有經濟困難家庭的父母提倡一個重要信息：如果貧窮無可避免地限制想像，唯一能夠打破困局的，是不要拒絕嘗試，正如夫婦二人希望兒子擁有的，是一個抓緊機會的能力。

他建議，父母可以主動為子女安排社會資源，例如香港有不少優質的運動場、社區中心、康樂設施等。對於黃金寶的來說，以運動來幫助貧困家庭的孩子作人生發展，是比較有效的方法。運動提倡的價值，是比賽場上，不分出身人人平等，成功條件只有一個，就是台下十年功。運動擔任轉化學習的角色，教會孩子夢想不怕遠大。要成為出色的運動員，當然要經歷很多步驟，訓練、學習、擬定比賽策略等，但對比起教練的思維，黃金寶更想做的不只是培養出色的運動健兒，而是希望藉此灌輸社經地位較弱的學生一種運動員精神，相信自己眼前有路，仰頭挺胸地奮鬥下去。

當然，父母參與子女的興趣，溝通就更為有效，因為很多時溝通的藝術在於時機。親子運動的意義在於，在運動場上父母與子女亦敵亦友，公平競爭，賽後抓緊時機分享各自想法，情緒更能自然流露。

　　兒子特別享受與爸爸運動的過程，因為在快樂、信任及平等的相處之中建立的親子關係，不是在一般的功課或溫習上可以達到的。再者，黃金寶認為有些特定性格如紀律、合作、準時、限時完成目標等，透過一般教育法未必訓練得到的，而運動可以提供方向性的訓練，事半功倍。

支持子女追夢法則

　　在黃金寶的工作中，經常被問到的一個問題，如果子女希望成為運動員，在金錢掛帥的社會，父母應該如何應對？「夢想」二字，有時很可怕。當父母的，會害怕子女談理想談追夢，最後是熱血一場，犧牲了前途，無以為繼；當子女的，追夢有如賭博，雖說搏盡無悔，但如果搏盡了，還是寂寂無名，那怎麼辦？更甚是，當夢想成真，又是否承受得到站在頂峰的壓力？

黃金寶以他在推廣運動經驗分享，一般他會反問家長一道問題：如果不讓子女選擇運動，是否就能保證他們前途無限？答案如果是「不」，那為何不讓他們走上另一條不同的跑道，把成就建立於熱情之上？

　　他寄語各位父母，運動就如一條鑰匙，子女拿着它去打開「港隊之門」也好，走入一般團隊亦罷，父母要思考的，是如何教他們全力以赴，好好發揮這份才能。所有方式背後的最終理念，既不是放任，亦不是阻止；而是父母由衷的支持。黃金寶亦表示，一個運動員的誕生，很講求父母有否賦予他成功的因素，運動靠的是三分天分，七分努力，長時間的訓練是必須的，為人父母應該信任子女，放手讓他們盡全力發揮。科學上亦有研究說明，做運動不一定阻礙讀書，反而能建立正面影響；他在兒子身上亦親身體驗到，運動真的有助專注力及促進親子之間的溝通。

父子一起在家「動手動腳」，又做體操又做掌上壓，毫不偷懶。

隨孩子手中地圖而行

其次，親子關係亦是孩子成長的重要因素。如果父母和子女在前途的看法上有落差，硬碰只會損害關係。嘗試習慣每當歧見發生，由父母主動平復心情，試試以理說道，子女會明白凡事亦有討論空間，習慣換位思考。請父母細思，如果子女將來成功，但與你了無關係；又或他終於放棄自己的熱情，但後悔終生，這樣的犧牲是否真的值得？

父母亦可作好後備計劃，如若子女有意發展運動，「雙線平衡發展」就顯得重要。香港不少運動員亦能兼顧學業，平衡生活，例如「牛下女車神」李慧詩和「女飛魚」歐鎧淳等。子女選擇追求理想，無論是運動還是其他興趣，父母應該透過正面引導，因材施教，讓他們在自己的跑道上成功，而不是強求擠在一條大眾起跑線上，這樣才能保持子女的可塑性。

在新冠肺炎疫情下，不少父母突然要把家居變成小課室，遇到的困難不少。有的子女因太過放鬆，心散起來；有些父母則過份緊張，把在家學習的時間拉長，變相更為催谷。在家工作（Work from home）的父母更為煩惱，要一邊照顧子女一邊專心工作，這段足不出戶的時

期，對很多家庭來說影響深遠。黃金寶夫婦在這段時間感受最深的，是發覺孩子的學習平衡十分重要。

　　為兒子計劃學習時間表時，父母需要格外留神不要因為兒子在家學習，而剝奪了他的休息時間，一定要給予足夠而合理的空間及自由，同時不忘疏導兒子對於未能與同學見面的鬱悶。這段時間全憑與其他父母一起商量應對，交流資訊，才不至太過無助。

　　作為運動員，黃金寶固然感謝父母賜予的天賦，然而，他與太太亦深信，作為父母，必須緊記這份與生俱來的禮物，在孩子的成長過程中，需要親子同行，一同發掘。這就像尋寶一樣，父母是枚指南針，一路上提供方向，至於寶藏的地圖，其實該交回兒子手中。無論結果如何，父母亦不離不棄。陪伴，就是父母所能給予孩子的最好。要培育子女融入全新的時代價值，相比起過分溺愛、事事保護，可能亦不及推倒一下，在跌碰中學習而來得有效。

今年兒子黄卓謙幼稚園畢業，黄爸爸黄媽媽會繼續親子同行，
陪伴孩子每段人生路。

Tips for Parents

⇝ 嘗試延遲滿足 ⇜

要孩子經歷等待，過程中讓兒子思考該如何付出
以換取收獲，從而學會珍惜。

⇝ 讓子女感受失敗 ⇜

父母除了能夠直接觀察子女看待輸贏的態度，亦
可引導孩子正面看待事情，一起思考改善不足之
處，陪伴他們勇敢再試。

⇝ 親子運動 ⇜

在運動場上父母與子女亦敵亦友，公平競爭，賽
後抓緊時機分享各自想法，往往交流更深。

培養孩子
「未來專業」特質

醫護界 ｜ 任俊彥 紀彩霞 夫婦
育有兒子 12 歲、兒子 8 歲

鞏固「專業知識」，

　　讓孩子擁有選擇的權利。

私人執業醫生任俊彥，與同是醫護界的精神科護士太太紀彩霞結婚多年，育有兩名分別是十二歲及八歲的小兒子。太太紀彩霞是一名註冊護士，亦是一位全職媽媽，在兒子學校家教會工作以陪伴孩子，她以前精神科護士的經驗分享，在病房學到能有效與孩子相處的技巧。而任俊彥作為「四專」之一的專業醫生，則分享了在醫學角度，未來人類環境及社會需求會發生甚麼變化，尤其是對於專業的定義，可會從此改變？

兒童發展黃金階段

放諸香港，大部分家庭都是由全職父母組成，要照顧小孩同時兼顧賺錢養家，談何容易。聘請外傭照顧子女及家庭俗務，成為香港根深柢固而又不可或缺的家庭文化。任太曾為一位全職護士，而丈夫又是醫生，可想而知生活有多忙碌，他卻強調，子女的教育，親力親為至關重要。她認為，由其他人照顧孩子，始終難以真正關顧到孩子的成長。所以近幾年為了專注兒子，她到兩位兒子的學校負責家教會的事務，「陪太子讀書」，偶爾亦會兼職打針、抽血或身體檢查等的護士工作，絕大部分時間花在照顧家庭上。

太太分享，只有父母才能真正教導到小朋友的品行及學業，以及觀察到孩子的行為及變化。外傭姐姐或許能夠照顧孩子起居飲食，或者接送等簡單工作。不過，在現實生活中，太太觀察到有部分小朋友在街上以野蠻或任性的方式對待外傭姐姐，這些行為，反映出家庭教養的重要性。夫婦二人表示，教導子女待人接物、有禮貌及懂得尊重，需要父母親身了解孩子的需求，適當進行引導方能成功。以哥哥為例，父母了解到他的性格甚具主見及個性，這樣的特質雖然能讓他展現領導才能及

解難能力，但卻不輕易馴服於規範或規則。嬰兒到小學的階段，是兒童心理發展的重要時期，這時候的教育及學習方式，會對孩子如何建構自己的思維及知識、學習行為規範、感受情緒、性格塑造、理解社交等，有重大影響。如果在這個重要的階段，父母只靠其他照顧者如外傭、祖父母等來擔當教育者的角色，也許會錯過引領子女建立良好品格的黃金時期。

在日常生活中，夫婦二人的角色分工清晰，以「男主外、女主內」的模式運作，爸爸注專於事業上，賺錢養家，在家中充當陪伴孩子玩樂的角色；而媽媽，則主力照顧孩子的起居飲食，觀察他們的學習進度等。任醫生笑言，父母之間難免會分別擔任「一黑一白」的角色，自己大多扮演「白臉」，負責起孩子的歡樂，而太太則大多屬於管教及監察的角色，兩人角色有默契地共生，也較容易讓孩子適應父母的教育方法。由於太太曾任職醫院的精神科護士，在職場上的訓練也可轉化成為獨特的育兒技巧，協助訓練孩子成為追求進步的人。

🔺 任醫生和太太為市民打流感針，穿上了防疫裝備。

行為治療法設立目標

　　身為註冊護士的紀彩霞，選擇將過往在精神科病房的工作經驗帶入家庭，她解釋是因為觀察到當中與照顧孩子的共通性。跟照顧病人一樣，諒解與換位思考，也是教育孩子的法則之一。她分享，要理解一個人的行為，先要審視背後原因，明白了原因，有助學會放手。教育孩子亦是同一道理，自由成長是必要元素，然而，亦要注意發展階段的孩子，的確很容易受社會氛圍、朋輩的影響，容易產生偏差行為。因此，父母除了指導，亦需要適時修正他們的行為，這一方面，她引用經驗，套用行為治療法的技巧，與孩子一同設立目標，如果達成了就會得到獎勵，以鼓勵的形式帶領孩子邁向進步。

行為治療法是主要針對改變思想與行為的一種心理治療手法，以解決行為偏差的症狀。太太分享，過往在病房會利用這個方式，鼓勵患病的孩童設定每天的個人目標，例如：你今天做了些甚麼、明天會做甚麼？只要目標達成，就得到貼紙作獎勵，如果儲滿指定的數量，孩童就能夠換領獎品。這種鼓勵性質的方式，有助孩童一步一步走近目標，遠離當初的病症。正如一名正在減藥的精神科病人，只要每次與醫生會診時亦得到鼓勵，便相信自己能夠康服，保持有機會克服一切困難信念。

▶ 兩位兒子在母親的鼓勵下，笑聲不斷。

學習認真欣賞孩子

紀彩霞將護士時期的職場訓練及敏銳的觸覺帶回家庭，她十分關注孩子的情緒，並且時刻以病房的見聞經歷引以為鑒。希望自己為人父母時，不要以愛之名來傷害孩子，或為孩子的成長帶來任何創傷。在病房內眼見不同孩童在成長時期所承受的痛苦，導致後來行為出現問題，甚至飽受情緒的困擾，產生自殘、自毀甚至自殺的傾向，夫婦二人坦言，兒童的情緒問題，無可否認有很大部分，是來自於父母的高壓管教方式。紀彩霞亦以華人社會的傳統教育方式為警惕，當她修畢「6A 品格教育課程」後，在愛和管教中取得平衡，並更加意識到正向教育的重要性。

夫婦二人表示，華人家庭的傳統思想重視對下一代嚴加管教，不能隨便讚賞，怕會「讚壞小朋友」，更要從責罵中建立父母的威嚴，子女才不敢胡亂犯錯。這種嚴格的教育方式，很容易為小朋友的成長帶來負面情緒，以至於在成長路上留下深刻傷痕。二人亦提醒，成年人的真誠真意，小朋友其實感受得一清二楚，父母切忌給予隨便敷衍的讚賞，又或附加條件，例如：你今次做很好是因為程度降低，下一次必須更好；又或只不過是一

次成功而已，何足掛齒？作為父母，必須學會欣賞自己的子女，即使表現欠佳，亦不要貶低他們。反而是循循善誘，讓小朋友感受到自己被受關心，其努力是會得到稱讚的，這亦是父母的終生修行。從家長的讚賞中，孩子能建立自信和安全感，感受到父母原來有認真觀察自己，有動力做得更好。

設立合理期望

任俊彥醫生也分享自己在單親家庭的成長經驗，他「自強」的意識萌芽在升讀大學之際，深感自己要充當「拯救者」的角色，而非「被拯救」的一方。這種強烈的想法，驅使他勇於追求成為醫生的夢想，「照顧生命、關愛他人」是醫生和護士的天職，懷着這種志向和理想向前推進，才擁有今時今日的成就。

不過，他坦言理解到自己成長的世代，已然與孩子將來面對及經歷的世代，大為不同。他表示，父母對子女要設立合理期望，不能因為自身的成功，而忽略子女正面對的不確定因素，例如社會結構改變、未來需求，甚至生存環境的轉變等，並不是每一代人的成功法則亦一模一樣。夫婦二人表示，不會期望孩子將來繼承衣缽，

因為命運應該掌握在孩子手中。面對父母亦無法掌握的未來，二人無法指定兩位兒子必須從事甚麼行業，反而是希望針對孩子的特質、性格、興趣和夢想去加以培訓，摒棄虎爸、虎媽那種強迫的方式，提供更多機會讓孩子發掘自己的才華，自由發展。

專業將被重新定義

以醫生的角度來看，從前父母輩對於下一代的期望通常在「四專」的範圍內，例如律師、醫生、建築師等專業人士，「四專」往往與成功劃上等號。但二人認為，將來是科技的世界，人工智能及大數據等已經可以取代許多行業，坦白而言，如果有天機械手臂的發展，已經可以摹擬出手指等精細靈巧的人類肢體，或是皮膚的觸感等。屆時，我們是否有信心可以超越機械，把手術做得更出色？任醫生自言，也沒信心「醫生」這種專業，在將來必定可以持續下去。

任醫生反思，就在過去一兩年間，科技的進步已經大大超越父母輩的那幾十年時間，他以主持醫學科技研討會的經驗作分享，現在已經有研究用納米機械人來做手術，長遠來看，在未來社會，一名工程師也許會比醫

生吃香。他更分享，現在有些疾病已能運用 DNA 療法來改善，連遺傳病也能醫治，而再生科技、3D Printing 也可以讓人類更換有問題的身體零件。皆因種種醫療技術的進步，將來人類壽命很大機會延長，孩子長大後會面對一個怎樣的世界？對於未來的預測，又或社會對於專業的定義將會大翻盤。由一位專業醫生說出來，也許觸目驚心，但任醫生認為，作為父母需要接受世界正在改變，已經不能再因循守舊，唯一實在而可靠的，就是對子女的陪伴。

◄ 任醫生很珍惜與
孩子相處的時間。

🔺 未來不可預測，實在而可靠的，是對子女的陪伴。

選擇適合學制

　　只要在經濟能力許可的情況下，父母二人都會滿足孩子發掘不同的興趣。不過，他們也經歷過迷失。當時為哥哥報讀不同語言的課程，見到兒子下課後疲倦及受壓的樣子，已然知道不可行。那刻二人均意識到，身為父母應該期望孩子快樂和健康地成長，而不是揠苗助長。兩位兒子都比較外向，擁有相對跳脫的思維模式，尤其哥哥喜愛獨立思考，二人笑言他是個「問題小子」，最愛發問，凡事尋根究底。這種表現，令父母明白到，若把兒子放在傳統學制下成長，必然面對巨大壓力。

　　有見大兒子喜歡思考，適合在一個限制不大的學習制度下成長，因此，夫婦二人決定讓兒子入讀國際學校，讓他發展自己喜歡鑽研問題的一面。哥哥愛思考，弟弟則喜歡運動、幫助他人，個性比較沉穩。父母笑言，他倒是頗有成為醫護的特質，於是讓他去參與三項鐵人運動。從細緻的觀察中，了解兒子的不同特性，再提供學習機會讓孩子培育自己的興趣，是兩夫婦的共同目標。

培養未來生存能力

作為專業人士，無論工作有多忙碌，父母二人亦十分注重兩位孩子的成長。他們觀察到，這一代的小朋友比起自己一代，相對較傾向自我中心，在成長路上需要多加培育將來在社會上的生存能力。無論從事任何行業，均需要良好溝通技巧，除了擁有專業知識外，同時亦要具同理心，理解他人情緒。

父母不是要教導子女阿諛奉承，而是培養他們換位思考、溝通、協調與合作的能力。例如，網絡世界任何人都能夠暢所欲言，有些散播仇恨或煽動的言論，留言指罵他人的人，不需要負上任何責任，這樣的風氣對孩子來說會產生負面影響。父母可以進行思想引導，但不能完全禁止他們接觸網絡。

二人笑言，他們從來沒想過提供甚麼「最好」給孩子。「最好」很難釐定，反而「恰如其分」是他們心目中最理想的育兒方式。舉一個例子，以醫生這行業來說，也能細分不同種類，如果孩子不喜歡交談、面對病人，可以選擇成為化驗師；如果是樂於與他人溝通交流，可以選擇成為家庭醫生或內科醫生。他由此帶出，讓孩子擁有選擇機會的前提是，要為其鞏固「專業知識」，從旁協助他們發展自己的特質。

以信仰理解生死

　　談到生死教育，夫婦二人都是醫護專業，理應見慣生死，這會否影響孩子對於生死議題的理解？他們分享，兩位兒子都就讀基督教學校，在處理生死議題時融合了基督教教義，受到學校的影響，死亡對於孩子來說並不是黑暗的事，也不完全覺得是負面或恐懼，反而基督教灌輸給孩子的信仰是對生與死都充滿希望。

　　二人分享，慶幸身邊暫時沒有親友因感染新冠肺炎或因病而離世，死亡對兩位兒子來說相對遙遠，反而，他們最直觀死亡的一次，是同學的寵物過世。眼見同學

回校的情緒表現，孩子切身感受到那份心如刀割的悲傷，令他們更學懂珍惜。另一邊廂，二人會難免把工作上的低落情緒帶回家中，他們提醒，父母的情緒會傳染給孩子。正如任醫生小時候也曾受到父母離異前的情緒所影響，這提醒了他不要把負面情緒帶回家。

為人父母，對孩子有甚麼想說的話？媽媽紀彩霞提及，他們一家人都是基督徒，她最希望兒子們能夠成為有仁義、恩慈和信實的小朋友，秉承基督教的教義，繼續健康、開心地生活下去。爸爸任俊彥則笑言，他十分感謝兩位兒子的來臨，感激從出生到現在都給予他無限快樂。每天與兒子們的相處時光，成為了他每天在工作崗位上拼搏的動力，回到家的一刻，一家平安快樂，也就滿足了。

▲ 一家四口平安快樂，夫婦二人也就滿足了。

Tips for Parents

〉設定獎勵目標 〈

套用行為治療法的技巧，與孩子一同設立目標，
如果達成了就會得到獎勵，以鼓勵的形式帶領孩
子邁向進步。

〉認真讚賞孩子 〈

從家長的讚賞中，孩子能建立自信和安全感，感
受到父母原來有認真觀察自己，有動力做得更好。

〉成長黃金期 〈

嬰兒到小學階段是兒童心理發展的重要時期，這
時候的教育及學習方式，會對孩子如何建構自己
的思維及知識、學習行為規範、感受情緒、性格
塑造、理解社交等，有重大影響。

培養科技無法取代的
創意孩子

創意產業界 ｜ 黃德慧　吳尚年 夫婦
育有兒子 12 歲

讓孩子自由發揮天賦，

任創意力飛翔。

傳媒工作者黃德慧（Bonnie），公職為電影發展局的專責委員，負責電影批審、基金批核等範疇，現為TVB 企業傳訊部總監，同時管理數碼產業項目，負責將媒體產品如電視劇、廣告等在電子平台推廣及發展，對數碼內容甚是了解。而經營建築公司的丈夫吳尚年（Samuel），平日主要處理圖則、建築事務等。一位來自傳媒影視界的媽媽，與一位來自建築界的爸爸，兩人的專業領域範疇不盡相同，他們共同培養出獨立的 12歲兒子 Aiden，富有創意、為人體貼、善良及有愛心。Bonnie 和 Samuel 除了分享 Waldorf 教育法在學習上的好處之外，亦會分享作為忙碌的全職父母，如何能在家庭與工作之間，取得良好平衡。

主張「學」還是「習」

Bonnie 和 Samuel 來自兩個不同專業領域範疇，Bonnie 來自講求靈活變化、秒秒創新的娛樂界別，加上專職數碼媒體產品發展，更需要緊貼時代。而 Samuel 則是專業建築師，凡事講求精準、穩固踏實。夫婦二人走在一起，從育兒方法到兒子升學，兩人一路上互相扶持，保持理性溝通。所有父母亦經歷過新手的階段，Samuel 提出，學習親子教育，最重要的是不恥下問。當初與太太選擇讓兒子入讀香港一間國際學校的決定，亦是厚着臉皮向鄰居、朋友請教得來的升學知識。他們笑言，做父母確實要「考牌」，考的，是父母在子女各個成長階段的適時應變能力。夫婦二人感謝上天賜給他們這份考上一輩子的試卷。

培養孩子的同理心

以夫婦二人為例,在了解過兒子的性格後,決定讓他接受國際學校的教育。二人提醒各位父母,國際學校的收生準則與傳統學校不同,例如國際學校喜歡與家長保持緊密聯繫,互相交流雙方想法,讓兒子學習的透明度大大提高,並鼓勵家長多參與子女的學校生活及進度。另外,國際學校的宗旨亦是「有教無類」,即使是患有自閉症或讀寫障礙的學生,校方亦不會特別劃分所謂正常與特殊的學生,夫婦二人感恩,因為這個做法,讓兒子培養出主動關懷別人的性格。

Bonnie 感動分享,曾經有位家長向她道謝,原來兒

子在學校經常鼓勵她那患有輕微自閉症的女兒。兒子觀察到那位同學較為內斂，於是經常鼓勵她一起勇敢表達想法，嘗試新事物。夫婦二人寄語，在坊見過太多案例是家長過於緊張孩子的成長，將大量期望放諸於他們身上，負擔過重，令他無暇發展其他性格特質，造成反效果。他們慶幸，有空間讓兒子培養這份寬宏及包容的同理心，然而，說到應對未來社會的能力，從事數碼媒體推廣的 Bonnie 表示，創意，是未來人才最不可或缺的一環。

成為科技無法取代的孩子

Bonnie 的專業是數字媒體化發展，加上從事影視界多年，人脈廣闊，擴闊了她與丈夫對未來世界的見解及視野，從而反思如何應用在親子教育中。夫婦二分享，父母可以把小朋友的發展維度拉長來看，以他們十二歲的兒子為例，再過多二十年、三十年，未來世界中，某些工種，可能已由機械人、超級電腦、人工智能等取替。有一天科技或會發展到一個我們沒法想像的高度，但專家們仍相信一個事實，就是機械人無法取代人類的，就是創意，以及共情能力。電腦或者可以快速診症，但卻

沒法為病人提供慰藉；演算法或能計算出最受人們喜愛的旋律，卻沒法複製音樂中的喜悅與悲傷。創意亦是一樣，無法被計算及編程。

有此視野，夫婦二人從兒子一至兩歲開始，就培養孩子的創意思維。他們透過 Waldorf 教育法，在兒子幼兒階段發展人智、關懷之心及對自然科學的興趣。來到小學階段，才開始慢慢灌輸學術知識。二人提醒，相比起傳統教育，雖然首兩年孩子的吸收看似緩慢，但以兒子為例，父母樂見他漸漸發展出一種自我追尋知識的能力。目前兒子在電腦科學課堂中，懂得自發研究，積極發掘未知領域。

二人提醒，創意思維可以體現在學術領域，同樣亦可以展現在藝術領域中。兒子遺傳了爸爸的才華，喜歡畫畫，對圖像相當敏感，觸覺很好。當觀察到兒子的才華，作為父母，更應該讓他自由發揮天賦，任他的創意力飛翔。例如兒子會於水彩畫上，加上從樹下撿到的樹葉；又或把封箱膠紙揉成一團，畫出獨特畫作，甚具藝術家的創意及創新。

◀ Aiden 在創作上相當有天份，
竟能把蟹鉗變成小小足球員！

Waldorf 教育法

Bonnie 與 Samuel 坦言，他們亦是一對於傳統教育中成長的父母。Bonnie 成長於一個傳統家庭，父親是英軍，無論中國、英國的文學造詣亦非常了得，自小受到守信及認真的訓練，她與丈夫亦曾害怕兒子在如此自由的學習氣氛下，會太過放鬆而變得懶散。他們的想法因學校使用 Waldorf 教育法而改變。

Waldorf 教育法由奧地利哲學家魯道夫·施泰納 (Rudolf Steiner) 所發表，其教育理論是以人智學 (Anthroposophy) 為基礎，提倡「追求自由的教育」。教育法希望最終目的，是讓孩子建立更良好的人際關係，更重要的是，教導孩子可以追求自由，但必須同時具備責任感。夫婦二人分享，這樣的理念與他們的親子教育想法不謀而合。Samuel 表示，他們絕對鼓勵兒子培養多元興趣，亦盡量抽時間陪伴在側，他亦常常引導兒子，要有責任地去喜歡一樣事物，但不希望他過於沉迷，物極必反。

清晰的兒童發展藍圖

　　子女一直成長，父母總不能只沿用一套法則，終生不改。Waldorf 教育法將兒童的成長分成三個階段，每個階段大約是十年時間，為父母提供了相當清晰的幼兒發展藍圖，亦明確地指出階段性發展的需要及教育手法。總括而言，早期的教育注重實踐和手工活動，提倡於創新的遊戲環境中學習，盡量避免背誦生字及功課壓力；第二階段，是希望孩子於小學發展藝術才能和社會技能，培育創新和分析理解的能力；最後來中學這最後階段，則注重發展批判性思維和尋找理想。整個教育方式，強調想像力，並將價值觀融合在學術、實踐和藝術追求中。

　　夫婦二人分享，以兒子為例，兒子在幼兒階段，學校的老師會帶領家長和孩子一同去樹林撿拾樹葉、樹枝，用自然物件學習計算加減數，同時讓孩子感受大自然。除此之外，學校課程還設計「動手做」的麵包製作過程，讓家長和孩子合力每天製作一個麵包，從麵包的形狀去學習數學的原理。當父母與孩子一同經歷學習過程，潛移默化下對家長亦能有啟發。

雖說深明這般自由的教育法，在親子教育中提供了良好發展，但父母總是容易多憂。Bonnie 坦言，當兒子在兩至三歲時亦未識字，令她擔憂他的語言能力。後來得到丈夫的提醒，才冷靜下來，讓兒子慢慢發展。Samuel 笑言，雖說他理解父母緊張的心情，但總得讓子女跟隨自己的步伐，慢慢走出自己的路，現在，兒子的記憶力有時強到連兩、三年前的對話亦記得清清楚楚呢！

➤ 學校鼓勵孩子動手做，盡情探索世界！

不在孩子面前處理工作

　　如何劃分工作與家庭時間，取得平衡，大概是香港家長的首要難題。Samuel 分享，作為一名父親，他會向工作同事樹立一個明確的處事原則，例如，每天晚上八時以後，他一定會把電話關上，回到家中幾乎不處理公事。而 Bonnie 則笑言，自己以往負責電影劇組，公事電話可謂晝夜不分。那麼，父母二人同是大忙人，夫婦之間如何協調？二人分享，無論平日多忙碌也好，夫婦二人回家後盡量不談公事。如有突發工作，就會走進書房處理，另一人則陪伴兒子在客廳看電影。這份夫妻之間的恆常默契，是為了避免將外間工作的壓力展現在孩子面前，令他擔心。

　　兩夫妻分工合作，盡展關懷與體貼。二人作為過來人，寄語各位家長，孩子在成長過程中相對敏感，尤其他們對世界的一切都充滿好奇，從眼見的、耳聽的到鼻嗅到的，只要眼前有資訊接收，孩子就會自行理解及認知世界，所以在情緒照顧上，父母絕對不能馬虎。Bonnie 和 Samuel 透過自我約束，盡力在生活與工作中取得平衡，祈求提供一個充滿愛和包容的環境給予兒子愉快成長。

外地體驗學習

Bonnie 從事影視圈的公關宣傳多年，更是香港電影金像獎的推廣顧問，本身更是電影製片人及行政監制，工作的繁忙程度可想而知；而 Samuel 也是建築公司的管理層，要處理的事務繁多。即使二人各有各忙，夫婦二人對育兒卻抱持一貫的態度，重視與他一起學習、陪伴在側。

每逢兒子放暑假，父母二人都會放下工作，帶兒子到英國及巴黎度假，一家人於異國一同學法文，遊走於不同的博物館及嘗盡每道美食。他們發現，相比起在香港請法文老師在家教導兒子，在法國當地，兒子的吸收程度快得多，足證體驗學習的重要性。有見親赴當地會讓兒子學習語言的興趣大增，Bonnie 每年七月亦會帶着母親及兒子到台北生活一個半月，讓兒子能於中國文化大學上中文課，亦帶他到鄉間的農田體驗玩耍，感受生活。過程中，夫婦二人發現身教的重要性，在於一同親身經歷和體驗，比起書本上的知識，孩子在親身接觸後吸收得更多。

🔺 兒子體驗吹玻璃，感受生活！

🔺 兒子在英國 Natural History Museum 看恐龍化石，
也模仿起恐龍叫，十分鬼馬。

不做「怪獸家長」

眼見香港的社會發展始終急速，身邊有朋友成為「怪獸家長」，甚至因而患上抑鬱症、狂躁症等情緒問題，Bonnie 和 Samuel 最希望的，是避免墮入過度反應的錯誤思維中。相對於選擇迫孩子於幼兒階段，就追求學業成績或百般才藝，他們更加傾向於培育兒子有一顆寬宏大量的心，而非那些可以量化的成就。

眼見孩子的成長愈來愈快，與兒子情同好友的爸爸Samuel，感觸地分享，兒子現在十二歲，再過幾年，他未必願意繼續黏着爸媽，所以他和太太特別珍惜這段相處的時光。這位還很有童真的爸爸分享，與兒子睡前的「打交」活動，是彼此最快樂的時光。

夫婦二人在育兒的最初階段，亦有認真商討過一個問題：他們最想給兒子甚麼？後來得出的答案很簡單，就是「健康」和「快樂」。這也是對孩子最簡單亦是最難的期盼。隨着孩子慢慢成長，人生路上必然會遇到挫折，屆時孩子應該如何面對和解決？可能要面對社會變遷、朋輩間的離棄或更甚者失去財產，屆時他要如何面對？父母二人希望除了培養他的創意及同理心，亦期望能提供他最好的教育，以知識改變命運，將來有足夠智慧去面對逆境。作為父母，Bonnie 和 Samuel 秉持協助而非指導的理念教育孩子，非常珍惜當下這一刻。

Tips for Parents

⸖ 劃分工作與家庭時間 ⸖

父母回家後盡量不談公事，如有突發工作會走進
書房處理，另一人則繼續陪伴兒子。

⸖ 在外地學習外語 ⸖

相比起在香港請外語老師在家教導孩子，親赴當
地孩子的語言吸收程度會快很多。

⸖ Waldorf 教育法 ⸖

在孩子幼兒階段發展人智、關懷之心及對自然
科學的興趣。至小學階段，才開始慢慢灌輸學術
知識。

培養孩子
「靈活彈性」的特質

資訊科技界 | 楊全盛 高菲燕 夫婦
育有兒子 14 歲、兒子 12 歲

世界轉變之快，與其迫使子女成為精英，

父母不如賦予孩子**應變的能力**。

天旭科技投資集團創辦人之一的楊全盛（Eric）與太太高菲燕（Sophia）結婚多年，育有兩名分別 12 歲和 14 歲的兒子，父母二人亦有電子科技的專業背景。Eric 是編程專業出身，目前從事創意科技方面的投資工作，參與不同的創科、娛樂事業等項目，亦是香港電競總會的創辦人之一。太太 Sophia 在成為全職媽媽之前，從事電子硬件製造業，開設自己的廠房，有了兩名兒子後，轉而專心照顧家庭。Eric 與兒子一樣愛好電玩，以此與兒子建立了有效的溝通渠道。Sophia 則以調解手法，化解兄弟間的衝突與矛盾。

父母建立良好默契

　　從 Eric 的背景就可以想像，他日常最大的興趣就是與兩名兒子一起打電玩。Sophia 笑說，自己雖然對電玩一無所知，亦會和一般家長一樣覺得「打機」不好，但這是 Eric 與兒子們建立親密關係的獨有方式，她不會阻止，亦不介意當「醜人」，負責兒子們的學習、性格培養、家庭教育等。夫婦二人，一人負責玩樂，一人負責引導，在兒子的成長路上，分工合作，建立了良好默契。

　　Eric 非常欣賞太太在教育兒子上的用心及手法，跟他這位非一般的爸爸之間，取得了絕佳的平衡。Sophia 雖然緊張兒子們的學業成績，但不會過份管束功課及溫習進度，亦絕不鼓勵他們與別人比較，而是鼓勵與過往的自己競賽。她表示，與其強迫子女們努力溫習，不如使用他們理解的一套語言來溝通。

說子女明白的語言

以她自身為例，她深明兒子們熱愛電玩，喜歡分析各類圖表及數據，擬定下一步的策略及組織進攻與防守等，讀書其實亦如出一轍。Sophia 於是製作了很多漂亮的圖表，向孩子們展示他們每年成績的表現，把學習進度數據化，並以信息圖像的方式讓兒子得悉自己的進度。

父母沒法一直操控子女學習，只能加以輔助，在這個方式下，兩名兒子能夠加強自己的強項，而面對弱項方面，則與父母一起擬定策略，設定目標，一同達成。她強調，夫婦二人希望兒子學到的是如何超越自己，而非擊敗別人。培養子女對自己的鞭策力，有助他們發展自律、反省的特質，父母可以給予自由，把處理好自己學業的責任交回子女，沿途給予適當指導及提醒，孩子才能領悟自發努力的重要性。

雖然 Sophia 在家中是擔任管理者的角色，但與兩名兒子的連結卻非常親密。當中可有特別技巧？在親子關係中，代表威嚴的父母一方，如何能夠打破隔閡與子女「有傾有講」，當中的平衡，相信是所有家長最關注的事情。Sophia 分享，父母可以練習放下身份，不用每時每刻都擺出一副權威的態度與子女交流。她提到，即使兒子已經十多歲，她每晚還是會堅持與孩子共享床邊故事

時間。由嬰兒時說童書故事，到長大後談個天南地北，交流每天發生的故事，她非常珍惜這段睡前的交流時光。父母與子女的溝通，貴乎真誠，不一定需要事事管教，而是要建立一個平等交流的渠道，從中不但促成了 Sophia 與兒子深厚的關係，亦能夠幫兒子認識社會，建立各種價值觀。

電玩中建立深厚感情

反觀爸爸 Eric，是家中的歡樂大使，看似只顧帶着兒子玩樂，其實背後卻是別有一套理念及心思。他分享，自己亦為人子，深明教育孩子如果只用強權，子女即使聽教，關係亦不可能良好。他反思自身，自己同是電玩愛好者，如果虛偽地嚴禁兒子接觸，一定會令子女反感。作為父母，有責任思考如何教導子女在興趣與學業之間，取得平衡。

科技進步，很多以往看似「不務正業」的行業及運動，在今天已然成為了世界潮流。滑板已經不再是代表「街頭爛仔」的玩意，而是發展成為比賽項目之一；電子競技更加不再是玩物喪志，其發展潛力遠遠超越只是「打機」，是一項風靡全球，於全球市場上市價過九億美元的

新興產業，香港政府亦已把電競納入創新科技政策範疇之中。Eric 作為成立電競總會的一員，固然視電競為一種運動，他深明要成為電競選手的門檻極高，他並不期望兒子會成為選手，而是希望從電玩中，培養兒子正確的價值觀，例如運動精神、抗逆及認真專注等的概念，同時亦可訓練他們的解難及協調能力。他以兒子為例，父子之間因為遊戲，建立了很強的連繫，從中亦有着師徒情誼。他以遊戲出發，引導兒子組織策略、處理輸贏，過程中不單建立信任，更引入教育。他寄語，如果父母擁有開明與彈性的視野，任何事情也可成為有效的教育工具，重點是利用優點，控制及引導缺點會帶來的風險。

以電玩為例，在二十一世紀中，與其禁止子女接觸電子產品，倒不如請子女容許自己加入他們的世界，一同投入，至少父母知道子女有沒有偷偷沉迷一些意識不良、煽動暴力等的遊戲。每晚睡前的兩小時，是 Eric 跟兒子在電玩中盡情暢玩的時間，當中他亦會與兒子閒話家常，旁人可能會覺得無聊，但對他來說，卻是了解兒子的最佳方式。父母有責任先建立一條有效的溝通渠道，讓子女可以安心發問，而不是一直擔心會觸犯父母的威嚴。其實這種手法可以應用於任何活動中，只要子女感興趣的，父母不妨與他們一起共同探索，從中建立信任及了解。

除了玩電玩，父子三人也很享受戶外運動。

以高爾夫球培養「彈性」

Eric 分享，另一項他會引入了親子教育的活動，就是高爾夫球。他笑言，兒子們年紀小小時，就跟他學習打球。高爾夫球不是一門講求取得分數的運動，而是一門控制犯錯次數的運動，當中的思維邏輯及策略也許與得分為主的球類運動有別，技巧以外，需要仔細擬定計劃，不斷因應情況作出調整，以求達至某棍桿次數內入洞的目標。

從中，他看到了機會，以此去培養兒子一種未來社會最重要的技能，就是「彈性」。每次父子一同打球，他都會引導兒子先思考策略，究竟要先急攻，還是把桿數平均分佈？同時亦要留意天氣，風向等亦是需要調節的因素之一。透過高爾夫球的訓練，兒子學會先計劃後調節，靈活變通。世界轉變之快，與其迫使子女成為精英，倒不如賦予他們應變的能力。Eric 最開心的，是在高爾夫球中與兒子有着非一般的父子關係，大家會互相提醒，兒子亦會觀察爸爸表現，從而提出改進建議，Eric 很珍惜這種互動，會虛心聆聽，亦很高興能夠做到父子同步，一步一腳印，共同成長。

▲ Eric 在高爾夫球中，與兒子有着非一般的父子關係，共同成長！

調解手法化解子女衝突

　　兩兄弟的年齡只相距十八個月，年紀相近是否一定有助子女之間的相處，減少爭執？Sophia 分享，可能是男孩子的關係，二人自有一套相處的方法，表面上總是挪揄對方，心中卻是着緊彼此。不過，她坦言，兩名兒子小時候有過一段充滿衝突的時期。當時她不明原因，只知兩兄弟每次外出時，至少有三成時間在吵架，本來安排了一天的開心行程，一家人最後因忙着爭執而身心俱疲，Sophia 直言，當時自己的情緒亦受影響。

　　為了解決問題，找出原因，Sophia 報讀了一個調解課程，當中獲益良多。她分享，調解其中一條重要的原則是，衝突事件一般只是導火線，背後的原因才是真正核心。她舉例，例如兒子為了一杯飲品等的小事而爭執，作為父母不需要干涉搶奪飲品的事件本身，反而是保持中立，進行深入思考，原來兩兄弟之間存有競爭意識，希望勝過對方，於是在生活大小事上發生無休止的爭執。

　　面對子女關係緊張，作為父母，需時刻進行多角度思考，不能存有偏見，事件不關乎對錯，而是在於為甚麼。Sophia 分享，她應用調解的知識，與兒子慢慢對話，了解問題，兩兄弟的關係才得以改善。家長面對子女衝

突反應過度，實屬正常反應，給予子女冷靜空間，父母亦可以整理情緒，讓整個家庭都有宣洩的機會，再一起透過溝通，慢慢處理。

切勿忽略品德教育

除了電競發展，Eric 亦創有自己的事業，創立天旭科技投資集團，從事創科投資的工作，致力推動香港智慧城市的發展，更積極成為青年科技及創業發展的推手。當問到認為未來社會人才需要，他表示，在科技主導的社會，共通能力（Generic Skills）固然不可少，孩子需要對各科知識融會貫通，擁有多元及批判的思維，有能力解決困難。然而，當所有家長集中培訓以上能力，很容易會忽略當中最重要的一環，就是品德教育。科技世界資源發達，資訊豐富，卻是一把雙面刃，將來使用科技的一代，必須要有良好的道德價值。夫婦二人着重教育兒子對人要有禮及尊重，但有時亦會發現大兒子與同學的溝通比較冷酷，他們感慨，也許是受網絡文化影響，人與人之間的交流缺乏真實情感，情緒上難以接收，久而久之會影響溝通技巧。

Eric 指出，當子女從網絡世界踏入真實社會，其弊

處將顯露無遺。夫婦二人指出，面對科技，加上疫情的影響，父母要多為子女安排與朋友、親人見面的機會，唯一能夠抗衡電子產品造成的冰冷，就是人與人之間具有溫度的接觸。Eric 以電玩文化為例，他觀察到兒子容易在遊戲中做出挑釁及冒犯的言行，他認為其原因是隔着電腦，孩子沒法感受對方的痛苦。引導子女培養正面品格，能夠加強子女的同理及惻隱之心，將來利用科技作出傷害行為的機會，將大大減低。

◆ 唯有人與人之間的交流才富有真實情感，促進溝通技巧及情誼。

教導子女權衡輕重

　　兩名兒子年紀相近，性格卻各有不同。夫婦二人表示，哥哥性格冷靜，不易顯露情緒；弟弟性格樂觀，而且感情細膩，關心他人。每當父母遇到問題而大為緊張，哥哥會一笑置之，反為安慰父母；而弟弟則是家中的定心丸，總是令人感到窩心。二人表示，他們觀察到兒子性格上的不同，不會強求兄弟二人向同樣方向發展，將來絕對不會比較兩位的成就。

　　問到父母該如何為子女計劃前程，二人認為父母必須先了解子女的性格特質，無論理想是甚麼，最重要是教育他們如何權衡當中輕重。他以電競行業為例子，要成為電競團隊選手的競爭非常激烈，與很多運動一樣，要成為 1% 的精英，才有機會踏上世界舞台，創出成績。如果子女有此想法，必須與他們深入討論，確定他們有足夠決心，盡力而為，同時審視自身是否具備潛質。其實，放諸所有把興趣轉成職業的選擇，亦是同樣道理，父母應該引導子女思考願意付出的程度，自行分配好發展的時間及資源，平衡人生。

科技沒法取代教師

人皆有缺點，父母沒法強行改善子女的性格弱點，只能盡量發揮他們的長處。以兩名兒子為例，哥哥是典型的批判型人格，為人講求科學及邏輯，但溝通、關懷的能力相對較弱；弟弟則心思細密，着重溝通過程，大膽決斷方面則有待增強，作為父母，不是找出弱點來挖苦，而是要為子女建立一個正確的自我認知，將來才不會判斷錯誤。未來社會要求靈活、突破框架及具創新思維的人才，如果子女看似沒有缺點，但亦沒有任何突出亮點，老闆亦會過目即忘。他們深信，一個人的光芒來於自信，而自信亦是由自我認同及家人的無限支持而建立的。

面對疫情，電子教學在短時間內大行其道，大家亦很習慣於視像通訊軟件中學習及見面。Eric 認為，科技雖帶來方便，但亦有無法完全取代的地方，教學便是其中一種。他以在大學教書的經驗為例，沒法面授知識，學生的吸收能力會大打折扣，師生關係亦變得愈來愈冰冷，容易錯過彼此交流的機會。他感慨，科技的確帶來了不少便利，VR、輕觸等的技術帶來了不少革命性的改變，知識變得有趣，除了可讀可聽可看，甚至能互動；

🔺 不論是父親或是兒子，也愛玩 VR！

以前的孩子學習靠操練，現今着重以不同工具來體驗。然而，科技不能代替傳統教育，只能增強體驗。Eric 亦提醒家長，應該視電子學習為輔助，而非完全取代教師的工具，尊師重道亦是品德教育中的重要元素，是電子學習無法做到的。

夫婦二人感言，父母與子女雖然血濃於水，其緣份卻是非常短暫，回望過去十多年，亦感時間過得太快。二人希望兒子可以找到熱情所在，中途就算失敗了，亦能當作是成長勳章，正面面對。Eric 與 Sophia 回想，自己亦是從跌宕中走過來，希望引用自身的經驗，能夠培養兒子成為靈活勇敢，善於解決困難的人，快樂而無悔地成長。

Tips for Parents

鼓勵與自己競賽

不鼓勵子女與別人比較，而是鼓勵與過往的自己競賽，孩子學到的是如何超越自己，而非擊敗別人。

學習進度數據化

熱愛電玩的孩子，喜歡分析各類圖表及數據，以擬定下一步的策略及組織進攻與防守等。家長不妨把學習進度數據化，並以信息圖像的方式讓孩子了解自己的進度。

床邊故事時間

由嬰兒時說童書故事，到長大後談個天南地北，交流每天發生的故事，建立一個平等交流的渠道，促進關係，建立孩子各種價值觀。

培養子女「內在美」多於外在美

法律界 | 陳曉峰 葉佩坤 夫婦
育有兩名就讀中學的子女

願孩子學會

取諸社會用諸社會。

陳曉峰律師（Nick）與太太葉佩坤（Sophia）同為法律界的專業人士，同時亦身兼多項公職，熱心社會發展。二人不但熱衷於參與教會事務，多年來亦致力策劃及執行不同的弱勢家庭支援計劃，幫助小朋友得到較為全面的發展及關懷，亦有涉足青少年事務，結合科技幫助青少年度身訂造適切的生涯規劃。二人融合法律及科技的專業背景，為社會作出非凡貢獻，對兒童及青少年教育，有着豐富的經驗及廣闊的視野。他們透過分享一子一女的教育心得，分享如何引用自身理念，培養子女成為正直、富愛心以及正面的孩子。

分享相同東方文化理念

Sophia 表示，夫婦二人雖然太太是新加坡人，Nick 則是香港土生土長的中國人，但大家都深受傳統的東方文化熏陶，沒有文化差異。再者，二人同具法律背景，亦分享相同信仰，理念相同，加深了家庭穩定的基礎。二人笑言，相比起西方文化，東方文化更着重家庭和諧及團結的理念，鄰里之間守望相助，凡事以社會的整體利益出發，故此，在家庭教育上，亦希望培養孩子勤奮有禮，博覽群書，吸收知識，裝備好自己，承擔起未來照顧家庭的責任，再慢慢建立自己的世界，努力創建豐盛的人生，希望兩名子女將來有能力貢獻社會，關懷別人。

當說到教育制度，Sophia 認為香港與新加坡有顯著不同。不少家長認為，香港是個競爭型社會，如果希望孩子將來成才，要早於幼兒階段籌備。她以自身經驗分享，香港的教育壓力大，着眼點在於子女能否於開初階段，就能在競賽之中立足並勝出。她笑言，當年報讀幼兒班時，哥哥三歲，妹妹兩歲，兩名子女年齡相近，夫婦二人被問及有否為子女們準備面試履歷表，當中需要提及他們各方面所展現的潛能，真讓她意想不到，可謂殺他們一個措手不及。

放眼新加坡，她認為當地教育比較着重孩子將來如何在社會立足，佔得一席位。以她自身經歷為例，時任新加坡總理李光耀訂明教育制度的目標，是以「人才為主」，每年只有 1% 的學生，能夠獲得全國唯一一間大學的入學資格。由此可見，一個孩子由開始入學，到 23 年後的人生規劃早已定下，可以說是成績決定命運。新加坡以往沿用的這套淘汰制度，難免會加強了孩子們之間的競爭心態，在同學亦是對手的設定下，學生過分着重學業成績，同胞之間難以培養終身情誼，忽略了孩子的全人發展，孩子將來也許難以建立互信精神。然而，Sophia 笑言，後來新加坡增加了大學學府數目，現時學位競爭已沒有當年那麼激烈了。

「怪獸」從催谷中醒覺

　　Nick 分享，二人亦曾試過跌入「怪獸家長」的思維，為子女安排不同興趣班，經歷過一年報讀兩間幼稚園，上下午班到兩間學校上課，孩子甚至要在車內吃午飯及換校服。亦帶過子女參與不同的小學面試班，甫入到課室就被各組家長側目，才得知原來兩年前他們已開始上課，甚至有家長會煲鮑魚雞湯孝敬學校老師。作為新手，

又是全職父母，當時身邊沒有太多例子可以參照，他感言，那時確實對兩名子女過分催谷。當一切都彷似向着正確的方向前進，轉捩點卻發生於女兒成功入讀一間心儀的傳統女名校開始。當時女兒稍有天份，甫入學便贏到了游泳獎項，亦取得不錯的學業成績，然而，家長群組中卻開始傳出流言，女兒於學校亦受到同學排擠、欺負。

二人相信，當子女長大後踏足商業社會，「槍打出頭鳥」的情況必然常有發生，但年紀小小就要經歷，固然是不理想。然而，作為父母，需要引導子女建立正向思維，把外間的負面反應轉化成為繼續努力的動力，更能培養換位思考的能力及同理心。在成長路上，父母二人希望子女懂得為別人的成功喝采，而非妒忌與不忿他人。Nick 分享，這個理念和他與兒子一樣，曾在拔萃男書院（男拔）的護蔭下成長有關。學校向來主張互助團結的文化，即使多年以後，Nick 亦非常重視當年建立的師兄弟情份，如遇請求，定必二話不說，「兩脇插刀」，盡力相助。他分享深刻體驗，有一次他以舊生身份回校參與一場運動會後的年度晚宴，宴會上見證了動人的一幕。當時，因為一名同學的比賽制服不合規格，即使於接力賽中為男拔勝出賽事，亦遭取消資格，導致學校痛

失大滿冠的榮譽。當時校長於宴會上即時請了該犯錯學生上台，大家以為竟然要公開譴責，校長卻按着同學的手，以一席感言教導全校師生不能怪責，人皆犯錯，最重要是能夠原地站起來，再次出發。Nick 分享，這次經驗讓他深受感動，希望能把這份體諒支持、同胞互助的精神傳承給兩名子女，培養他們成為能力愈強，愈有責任向別人伸出援手的人。

夫婦二人分享，就算子女再力爭上游，在別人眼中可能亦不會得到欣賞，或只會引來對方的敵意。二人提出反思，即使父母千方百計催谷子女成為世界第一，但卻因此失去品德，缺乏將心比心，以人為本的能力，於未來不再是精英主導，而是講求人文價值、以創新帶來改變的社會，是否真的合適？

希望子女無論於任何年紀，
亦能夠保持良好品德。

Sophia 分享，為子女揀選學校，最重要是觀察該校的校風和教育宗旨，主張以競爭為主，還是鼓勵為先？這是子女正面成長的關鍵所在。父母亦應避免跟隨名校效應，而忽略子女性格特質上的培養。

精英主義不再必要

Sophia 曾於美國跨國綜合企業通用電氣（GE）工作，該公司也是採用「Up or Out」的概念，只發展最好的 20% 人才，於香港的法律界，亦帶有這種競爭文化。那麼，精英主義會否影響二人親子育兒的理念？夫婦二人表示，他們從沒有想過要孩子成為精英。如果強迫孩子攀到了最上層，但賠上親子關係，又或在成長階段裏，造成某些性格缺陷，欠缺全人發展及融入社會的能力，再「精英」，亦是徒然。他們認為，每名孩子亦有不同專長，作為父母，不能強迫子女十項全能，要給予耐性慢慢觀察，發掘所長。二人亦提醒，不少父母不自覺地期望子女傳承自身所長，以 Sophia 為例，她音樂上富有造詣，但即使家中有座三角琴，亦不會強迫子女學習。另外，父母亦不應把自己未能完成的心願，強加於子女身上。總括而言，家長應該洞悉子女的需要及程度，因材施教。

Sophia 亦分享，小朋友的品德，要靠父母去教育，要提醒子女要有同理心，知足感恩。成長過程中，孩子難免會被物質主導情緒，夫婦二人希望子女無論於任何年紀，亦能夠保持良好品德，快樂應是來自最簡單的事，而非金錢名利。夫婦二人除了擁有法律界背景，亦非常熱衷於關懷社會的工作，尤其針對向貧窮及基層家庭提供適切援助，亦不時推動青少年生涯規劃的發展。從而，他們亦視之為培養子女同理心、體諒及關懷弱勢的珍貴機會，希望藉此讓他們了解不同社群；學會觀察，多角度思考，以自身優勢回應別人需要。夫婦二人不時與孩子討論社會上發生的事情，某次在一宗父親斬殺家人的倫理慘案中，他們帶領子女反思，殘忍背後，這位父親正面對怎樣的現實？是甚麼令一個人變得如此瘋狂、絕望，做出駭人行為？更甚，這名父親有沒有可能是以愛之名，卻做了錯誤的決定？夫婦二人希望子女理解，凡事不應先審判，而是嘗試先了解、分析，才能找出問題核心所在，以自身能力，防範類似事情再次發生。

社福經驗作為身教

聖誕節時，夫婦二人聯同社福機構合作設計了一個「秘密聖誕老人行動」的活動，當中希望向低收入家庭傳遞的不只是禮物，而是給送贈者一份贈興的喜悅，亦希望給接收者一份「希望」和溫暖，令他們明白現在的努力及困境，是會被看見的，他們是受人關注、不會被遺忘的；即使同是生活艱難，仍可以彼此祝願，傳遞希望。活動由各位小朋友擔任小天使，觀察身邊的人，決定贈予者及揀選禮物，思考可以怎樣幫助對方，成為對方繼續努力的推動力。夫婦二人帶着子女參與其中，其中一份禮物，更是子女用自己的利是錢購買的一個按摩器，送了給一位小朋友，用作轉贈給他從事保安工作以致經常腰酸背痛的爸爸。她笑言，當時子女還小，挑選禮物的過程中難免會被玩具分心，心生動搖，父母不但沒有訓斥，而是把握機會提醒初衷，教育他們小小犧牲能成就他人快樂的道理。二人提醒，每當遇到子女有所要求，不能立即滿足，而是要時刻引導子女思考其需要程度，從中學習取捨，而非習慣唾手可得。

🔺 音樂是大家的共同語言！

體驗是最有效的教育

　　另一例子，則是父母二人帶同當時只有小學三、四年級的子女一同到湖南，以英文小老師的身份，為當地的留守兒童提供英文教育。在那一星期裏，子女除了與當地孩子一同上課，亦並肩生活，遊戲同樂。Sophia 笑言，真正感受到子女建立到同理心，是子女提出購買一對新鞋子給一位小女孩的時候。子女觀察到那位小女孩經常絆到，幾經觀察後發現原來是為節省金錢，所以穿了大幾碼的鞋子，最後太太帶子女親自到市集挑選合適

鞋子，由他們親手贈予小女孩。二人很高興子女能夠留意到別人的需要，他們寄語家長，讓子女親身體驗及觀察，所謂「把自己的腳套入別人的鞋子中（Put myself in your shoes）」，是最為有效的教育。

透過帶領子女參與不同的社會關懷活動，當中看過很多感人至深的故事，讓子女有機會走出同溫層，從別人的故事中，感受世界真實的面貌；原來名利地位，也不及一份關心，一份體諒重要。子女受到他們的啟發，亦不忘處處留意別人需要，加以協助。兩位子女性格相似，開朗活潑，富有正義感及愛心，相信這點與父母經常帶他們參與慈善活動有關，證明身教的重要。Sophia寄語，如果只把孩子訓練成讀書機器，但缺乏與人相處的技巧，即使得到了職場上的高位，亦不會是一名稱職的領袖。Nick 分享，透過帶同孩子參與自己的社交圈子，融入自己的世界，除了能夠多了解父母，亦能自小接觸不同輩份、群體的人，訓練社交禮儀、虛心聆聽以及敢於對話的性格。他認為，父母要接受自己亦有所限制，沒法灌輸天下知識給子女，讓他們多接觸外面世界，放手讓社會多加磨練他們，避免過份保護，才能讓孩子向外發展，將來有能力獨當一面。作為父母，他與Sophia 二人亦會透過虛心學習來彌補自身不足，成為

子女謙虛受教的榜樣。二人指出，父母亦可把自身興趣與子女分享，一同發掘樂趣之餘，亦能讓孩子感到原來父母亦有夢想與熱情，自己亦可以勇敢追尋。Nick 和 Sophia 熱衷音樂，子女亦會跟隨二人參與及籌組不同的教會音樂會表演，一家人一起由零開始，構思點子、組織不同的表演者等，大家一同享受音樂帶來的喜悅，從中培養動手做、負責任、認真、解難及協調的能力，過程中，Nick 也要學習全新的指揮技巧，以身教向孩子展示，遇有不懂的事情就應虛心學習。

以自身專業教育子女

說到把專業放入親子教育中，Nick 會利用自身青年發展工作的機會，帶同子女參與不同的參觀及交流日，例如透過活動與法官交流，學習法律及公義的基礎知識。作為以知識解決問題的律師，他亦會向子女分享不同的案例，從中與他們討論想法，培養批判思考，解難能力之餘，亦可以從中灌輸不同的社會概念如法律精神、守法責任、權益保障等。二人表示，很多知識不一定只靠死記書本，父母不要怕子女不明白，多用自身經驗分享，令子女從身教中吸收。除了分享專業知識，他

們亦會主動跟子女分享生活點滴，邀請孩子走進父母的世界，一家人就像朋友一樣，感情親密、互助互愛。

Sophia 則曾於跨國企業工作，又當過幼稚園教師，除了對兒童心理有認識之外，亦於管理專才的職業生涯中，觀察到職場上需要甚麼特質及價值觀的人才，令她明白應盡早裝備子女具備誠實、尊重等品德，她寄語父母，誠信、操守等核心價值必須從小培養，不能待子女長大成人，到踏入職場的一刻才給予教導。二人亦建議，父母應該避免以過份幼嫩的說話技巧與子女溝通，宜用正常的態度對談。孩子擁有的理解能力及智慧，比想像中多，一些比較複雜的要求或道理，只要父母展現耐性、真誠及尊重，子女是能夠給予同等回應的。家長不妨多對子女平等表達，建立成熟溝通。

打破舊有科技觀念

二人表示，希望子女將來成為正能量的種子，成為推動世界進步的一份子。Nick 具備電腦科技與法律的專業知識，經常會以法律顧問的身份參與科技發展上的業務，包括串流平台、航天科技、智慧城市等，他認為將來子女面對的是一個科技主導的世界，父母二人的法律

一家四口熱衷音樂，一家人一起由零開始籌組表演，享受音樂帶來的喜悅。

背景，有助協助子女認清法律底線，他表示，每名律師亦有責任秉持公義、人權、私隱或言論自由，亦需在個人自由及公眾權利之間，相互考慮。二人希望透過身教，讓子女能夠站高望遠，將來亦能駕馭科技，不會用以作違法的事。

　　Nick 分享，在未來的社會發展中，科技的使用率一定會愈來愈高。AI、互聯網、大數據及區塊鏈等的技術，在各領域及界別中如金融、航運、資訊、醫療、物流，甚至法律界別，科技亦會大派用場，他表示，在國家主張以創科興國的大環境下，孩子需要擁抱科技，而不是懼怕。所以，青少年的生涯發展規劃，是他們非常重視的一環。Nick 分享，很多青少年對於未來職業發展感到迷惘，主要原因是對選擇缺乏認知。他認為，父母不能再執着期望子女成為專業人士，跟隨自身步伐，行行出狀元，現今社會已再不追求成為「三師」才算成就，作為父母，要與時並進，洞悉未來需要。科技進步下，將來的工種日新月異，對於父母那一輩來說，完全是新興行業。他分享，普遍社會對科技的認知，仍停留在技術支援與資訊科技的層面。其實科技牽涉範圍甚廣，例如社交媒體、大數據、金融科技、網絡安全、區塊鏈等，甚至動畫製作，造就了不同機遇。未來的工作不再是白領

與藍領之分，而是傳統與創新。子女讀書表現差就注定失敗的概念已成過去，家長應專注子女專長，鼓勵夢想，認識社會，協助自己子女找到富有熱誠的工作。

以大數據找出最適合職業

身先士卒，Nick 分享，他與太太設計了一個結合了演算法、AI 及大數據分析的青少年生涯規劃指導計劃，協助近一萬名學生利用電腦計算程式，為其性格特質與不同的科技行業進行配對，當中亦收集了身邊人對學生的觀感及意見，得出一個全面的評估，為學子找出最適合的職業發展方向。計劃亦安排了一系列的專才分享講座，邀請各範疇的專業人士為學生及家長進行職業分享，讓他們了解行業需要，裝備自己；最後透過比賽，勝出學生更有機會得到寶貴的實習機會，開闊眼界。

夫婦二人以經驗分享，引導子女進行生涯規劃，宜愈早愈好。父母可以考慮於中一階段開始，發掘子女長處，重點培養及提供相關資訊。另外，更重要的是換位思考，子女的學業壓力已非常沉重，父母有責任理解難處，尋找另類方法啟發他們，例如主動研究坊間的職業導向分享，而非一味只向子女施壓，要求他們出人頭地。

二人坦言沒法預視將來，子女的人生，父母亦不能百分百完美計劃。他們感言，作為父母能給予子女的最好，是內在美。當中包括對科技的認識、完整世界觀及培養民族意識。希望無論子女將來從事甚麼行業，亦能找到熱誠及快樂，一直保持「助人為快樂之本」、「克己奉公」、「取諸社會用於社會」的初心，為世界帶來持續而正面的影響。

↘ 願主佑我們的孩子們在未來能盡情展現燦爛、美麗而豐盛的人生！

➜ 希望無論子女將來從事甚麼行業，亦能找到熱誠及快樂，一
　直保持良好品德，為世界帶來持續而正面的影響。

Tips for Parents

⋛ 參與社會關懷活動 ⋚

讓子女有機會走出同溫層，早些感受世界上各階層的痛點，及思考不同可能解決問題的方法，不要只追求名利地位，多一份關心、多一份體諒更重要。

⋛ 引導孩子學習取捨 ⋚

遇到子女有所要求，不宜麻木「老馮」滿足，應引導子女思考其需要程度及承擔能力，從中學習取捨，而非習慣唾手可得。

⋛ 與子女分享興趣 ⋚

父母可把自身興趣與子女分享，一同發掘樂趣之餘，亦能讓孩子認識父母亦有理想、夢想，及知悉追夢的成敗過程，令孩子更能發揮潛能，充滿信心，排除萬難，放心勇敢追尋理想。

多元教育
跳出名校效應

青年事務界 | 樓家強 王惠玲 夫婦
育有女兒 17 歲、兒子 12 歲

只有了解自己孩子的特性，

才能給予「更好」的教育。

第二十八屆香港青年聯會主席樓家強，與太太王惠玲（Carmen）育有一子一女，分別是 17 歲的女兒 Pearl，以及 12 歲的兒子 Bryan。現代社會變化如此迅速，孩子所面對的挑戰不少，樓家強與 Carmen 是謹慎型家長，在孩子的每個成長階段都會做大量「功課」，和大部分父母一樣，對子女成長的決策絕不草率。Carmen 是一位全職家庭主婦，主要負責打理家庭事務及照顧小朋友的學業生活。這個家庭維持「男主外、女主內」的模式，結合夫婦二人曾在不同地方升學以及青少年教育的經驗，與大家分享親子相處的心得。

夫婦同上預備課程

　　無論是否新手爸媽，在孩子成長的每一個階段，家長都會面對一籮筐的問題。樓家強表示，尤其面對第一胎時，家長必須花時間做「功課」，做好預備工夫，並且盡量理解孩子們的需求，聆聽他們的聲音。新手爸媽剛開始時必定是白紙一張，但如果時刻擁抱發掘更多的心態，定能慢慢累積育兒學問，不必過分憂心。夫婦二人寄語，每位孩子都有其獨特性，不能「一本天書讀到老」。他們笑言，兩夫妻在十七年前迎接女兒的出生，當時連如何沖奶粉也不會。新手爸媽不妨一起參加不同的準備課程。當時太太在分娩課程中，練習到分娩時如何呼吸等有用技巧，丈夫及太太共同建立了心理準備，亦能與其他準父母交流經驗，互相扶持。二人感慨，現在子女已然踏入青少年之齡，亭亭玉立，當父母的確是人生的一大考驗，過程雖不簡單，但非常值得。

　　Carmen 分享，生了兩個孩子後她才明顯感受到，孕育女兒和兒子的方式可以是完全不同的。即使在同一屋簷下長大，兩個孩子的性格完全相反。小時候女兒比較容易照顧，只要給她玩具和食物，就可以安靜一整天時間。相反，兒子較好動容易哭鬧，上幼稚園又需要安排

上下午讀不同學校，這部分需要花費更多力氣。不過，兩姐弟都長成了自己獨特的性格和模樣，無論性格陽光或內斂，父母二人最希望的，是他們能夠做個對自己、對社會負責任的人。

擺脫「名校效應」

在孩子非常幼小的階段，一家人經歷了一段漫長而焦慮的選校過程。他們非常理解父母選校時難以決擇的心情。即使是報讀幼稚園，已經要考慮學習環境、師資，以及未來如何銜接心儀的中小學等。更甚，如果父母有意讓子女嘗試不同的教學方式，更會徘徊於選擇傳統學校與國際學校之間，苦苦思量怎樣才是「最好」的教育。樓家強提醒，其實「最好」的定義十分廣泛，未必一個形式能適用於所有家庭。

為子女選校，何謂合適？學位競爭激烈，不少家長容易會墮入「名校效應」思維，認為只要考入名校，人生就會一帆風順，穩穩地握着成功的入場券。女兒在幼稚園階段時，他們二人亦有過分執着以致迷失的時候。當年女兒入讀九龍塘一間知名學校甲，但二人心儀的，卻是另外一間學校乙。因為執着，他們以叩門面試的方式

繼續嘗試，終於以誠意打動學校乙，為女兒爭得一個難得的學位。轉校後才發現，即使兩間均是名校，師資亦十分優秀，但學校乙的小朋友彼此存在很大競爭，細思過後，才發現這環境不適合自己的女兒。

如非夫婦二人親身觀課，亦未必會了解名校背後，其實亦有不同的資源、教育方針等。透過親身觀察，二人才反思當初選校的策略過於粗疏，未及真正了解學校的情況。他們提醒家長，避免因為品牌或口碑就對名校先入為主，過份迷戀，父母需要充分研究所申請的學校。接觸多元資訊，亦應與不同家長交流，不要人云亦云，二人一同理性分析長短處。謹慎決策，跳出「名校效應」框架，不要為「最好」設限。只有了解自己孩子的特性，才能讓他們接受「更好」的教育。然而，當認清方向後，計劃便是非常重要的一環。

傳統與國際學校的抉擇

選校時，如果父母的經濟能力許可，可考慮讓子女接受不同的教育模式，例如是國際學校。國際學校主張「自主學習、愉快教學」方針，從學生出發，着重「學」而非「習」，訓練孩子主動探索知識，靈活運用。面對傳

統學校與國際學校的選校掙扎，身為過來人，Carmen 笑言，有家長認為傳統學校是「地獄」，國際學校則是「天堂」。如果要孩子從「天堂」跌到「地獄」，那可能是很痛苦的事；反之，讓孩子從「地獄」來到「天堂」，或者較易適應。

樓家強讓子女接受過傳統學校的訓練，再轉讀國際學校，才發現後者較適合子女，但一切也是「試過」才知道，從經驗累積。傳統學校相對着重如中、英、數等術科訓練，也教導孩子很多禮貌、品德上的知識。如果入讀傳統學校，家長要想清楚，可能要花大量時間陪伴孩子學習，不能只將孩子交給工人姐姐或補習老師。此外，傳統學校對於學生學業成績的劃線比較明顯一些，例如孩子取得八十分、九十分，就會被劃入一個等級，很少會因為進步了幾分而受到老師鼓勵。相反，國際學校的學生可能這次取得五十分，下次取得五十五分，老師就會非常鼓勵孩子進步的成果。這種「鼓勵型」的國際學校教學模式，比較全面。如果孩子一開始已接觸國際模式，很難回到傳統學制的軌道。因此，樓家強建議家長，不妨讓孩子先嘗試入讀傳統學校，看看他們是否能夠接受，再考慮是否要入讀國際學校。然而，家長也無須過

份擔心孩子會缺乏中文的訓練基礎，國際學校也會教學
生學習普通話，學寫簡體字。

在異地培養自理能力

　　身兼多項公職和公司營運的樓家強，平日工作尤其
忙碌。不過他和太太都不敢看輕陪伴孩子成長的責任，
夫婦二人均認為，家庭教育對孩子的成長十分重要。女
兒與兒子在小學畢業後，都去了英國升學，不過距離不
會拉遠了親子關係。雖然孩子自小離開父母，去新的地
方生活，不過 Carmen 每年會飛往英國三次照顧孩子生
活。英國寄宿學校（Boarding School）的學制是半年制，
在孩子放假的十多天，Carmen 會和子女在英國一起煮
飯、洗衣服，大人小孩分工合作，從微小生活習慣中培
養自理能力。而每當子女長假期回到香港，爸爸則抽時
間陪伴孩子，煮早餐、合力洗碗筷，與爸爸相聚和玩耍，
從中建立深厚的親子關係及感情。

爸媽很珍惜和孩子
相處的時光。

讓子女參與升學決定

樓家強表示，到外國升學的決定，應該是父母與子女共同商量的結果，不能由父母二人說了算，要以子女的意願為先，從中與他們一起分析好壞，畢竟年紀尚小的子女要到一個陌生的異國獨立生活，可以想像當中的不安及恐懼，除了學術選擇，父母必須與子女共同建立良好的心理準備，切勿讓子女覺得自己被家人放棄，又或感到孤立無援。

他們表示，當年女兒先到外國升學，兒子每次聽到姐姐分享不同的新鮮事物，例如最新的 App、歌曲、照片，引發出他對世界的好奇。因此，在兒子七、八歲的時候，便主動提出要去英國看學校，加上本身性格主動、樂觀，更加敲定了他也走上外國升學之路。

夫婦指出，即使是帶子女到外國選擇學校，也不應將責任交托給升學顧問公司或機構。身為家長，要讓孩子到外地升學，預備工夫一定要做得細緻，必須根據小朋友的特質去找尋合適的學校。每間學校的亮點都不同，選校心得也只有唯一及最重要的一個：選擇適合孩子發展的學校。

外國學校收生形式

以當時九歲的兒子為例，父母二人與他一起參觀過五至六間英國的寄宿小學，他們分享，外國學校對於面試、收生都採用同一種方式。校長及校長夫人會先與家長會面，了解對其子女的想法及期望，再找兩組在校學生，分別照顧家長及子女。高年級學生會帶領家長參觀校園，由在校學生解答家長的問題，父母亦可隨時與當地學生交流，了解最真實的校園文化；另一組與孩子年紀相若的學生，則會陪伴孩子一起上課、體驗校園生活，如有需要，有些學校的校長甚至會讓小朋友體驗一至兩晚的住宿生活。二人分享，香港土地有限，學習設施規模如運動場、實驗室及各科體驗之用的課室等，都難以與外國相比，甚至有學校養了蟒蛇、蜥蜴等，就讀的子女的確可以眼界大開，吸收多元知識及文化。

小朋友與父母共同參與選校過程，家長也在旁參觀、陪伴與見證。樓家強分享，小朋友強弱項不同，喜歡的東西各有不同，最重要是父母與孩子共同參與、共同決策，讓小朋友感受到自己也有份參與整個過程，增強他們對學校的喜愛及投入程度。兒子最終選擇入讀英國的全寄宿學校，這種類型的學校主要讓孩子全程投入

校園生活，星期一至星期日的生活都由學校安排，不會有本地同學周末回家，減低孩子的思鄉之情。平日孩子主要是上課，周末老師則會安排到圖書館、博物館、教堂參觀，或參與體育比賽，放假是真正的休息時間，完全不需要做任何功課或者練習。兩名子女時常與父母分享多姿多彩的校園生活，二人感恩子女能好好享受外國的校園生活之餘，亦能努力學習。

父母發揮教育創意

即使兩名子女在外國升學，現時已到青少年階段，夫婦二人都十分着重與孩子溝通、相處的過程。在生活上，普遍家長都面對相同的問題：孩子機不離手，該如何處理？樓家強認為，父母必須要讓孩子明白生活猶如飲食，達至均衡才能擁有健康生活。手機可以使用，卻需要幫助孩子建立紀律生活，例如周一至周五先盡學生的責任，周末才有放鬆時段，接觸電子遊戲。他們建議，放鬆也不僅限於電子產品，家長可鼓勵孩子多參與不同活動，如游泳、釣魚、看電影等，培養子女外向、好奇及探究的素質，有效避免他們只沉迷冷冰冰的電子世界，與外界斷絕連繫。

鼓勵孩子多參與不同活動，可培養子女外向、好奇及探究的素質。

二人在日常生活中，傾向與孩子解釋自己的想法，透過溝通令孩子明白，生活要做到「均衡飲食」，才是一個負責任的孩子。儘管協調的過程是艱巨的，但回頭一看，樓家強發現自己和孩子已在日積月累下，建立起一份穩固的信任基礎，無論父母建議甚麼，只要解釋得清清楚楚，子女就會盡量去明白。父母如果能引導孩子建立責任感，提醒他們的生活焦點應該專注在甚麼範疇，那麼孩子的品德、心智和人生態度大概就不會偏離軌道了。

　　樓家強在公職上不時接觸青年人，他仔細觀察到，可能因為家長比較集中在學術方面的培育，因而較易培養出高分、高成就的孩子，但卻忽略了心智和品格的培育。曾經試過在舉辦大學生、高中生的活動時，遇到家長查詢是否能陪伴一同參與。樓家強強調，如果在成長過程裏過分溺愛孩子，可能會導致孩子將來缺乏自理能力和應有的求生本能。亦因如此，夫婦二人有意培育孩子對於生活大小事情的掌握。只要父母發揮創意，生活何時何地也可以是學習場所。他不時會帶子女去超級市場，一同逛遍每個區域，從而認知食物、用品等的周邊知識，培育生活認知，如食品原材料、製造成份等，透過價錢、過期日等產品細節，學習基本的經濟、貨品、市場等的概念。

建立信任基礎

　　為子女規劃良好的成長路，父母必須由幼兒教育入手，從幼稚園、小學，到中學、大學，父母作為陪伴者的角色，同時也在進行身教和言教。樓家強分享三個建議，一是家長必須要身體力行，二是讓子女參與自己人生的決策過程，三是要打好親子之間的穩固溝通基礎，讓孩子願意相信父母的說話。在生活經驗中，樓家強也見證過朋友孩子的反叛行為，也令他不住反思與孩子的相處。後來他明白到，唯一的關鍵點就是信任基礎的建立。夫婦二人了解小朋友的大小事情，沒有太嚴肅灌輸思想，反而鼓勵孩子多表達想法，多分享、多關懷身邊的人。

　　作為香港青年聯會的主席之時，樓家強在推廣青年發展的工作經驗中深刻明白到，子女今天所讀的科目，將來也未必能與職業完全配對，因科技發展日新月異，將來許多行業都有機會被人工智能取代，所以他着重培養孩子學習思考的能力。他寄語年輕人，如果能夠把握每個機遇，緊貼各行各業的發展潮流趨勢，把握臨近大灣區的發展機遇，無論是創業、就業，只要努力向上，順流而行，就會擁有非常可觀的將來！

↖ 父母是孩子最信任的成長伙伴。

Tips for Parents

⸝ 先試讀傳統學校 ⸜

如果孩子一開始已接觸國際學校模式，很難回到傳統學制的軌道。不妨先嘗試入讀傳統學校，看看孩子是否能夠接受，再考慮國際學校。

⸝ 放鬆不限於電子產品 ⸜

家長可鼓勵孩子多參與不同活動，如游泳、釣魚、看電影等，培養子女外向、好奇及探究的素質，有效避免只沉迷冷冰冰的電子世界。

⸝ 逛超市學知識 ⸜

家長可與孩子在超級市場培育生活認知，如食品原材料、製造成份等，透過價錢、過期日等產品細節，學習基本的經濟、貨品、市場等概念。

找到孩子的光——未來孩子的十種關鍵教養

策　　劃：　霍啟剛

撰　　文：　Lin Cheng

統　　籌：　梁毓偉

責任編輯：　林雪伶

設　　計：　趙穎珊

出　　版：　商務印書館（香港）有限公司

　　　　　　香港筲箕灣耀興道3號東匯廣場8樓

發　　行：　香港聯合書刊物流有限公司

　　　　　　香港新界荃灣德士古道220-248號荃灣工業中心16樓

印　　刷：　美雅印刷製本有限公司

　　　　　　九龍觀塘榮業街6號海濱工業大廈4樓A

版　　次：　2021年7月第1版第1次印刷

　　　　　　© 2021商務印書館(香港)有限公司

　　　　　　ISBN 978 962 07 5881 2

　　　　　　Printed in Hong Kong

支持機構：　文化躍動及香港青年聯會

場地鳴謝：　Coffee Flow、T CLUB、Golfzon GreenLive 及馥苑海鮮酒家